AF463821

HISTOIRE

ANTÉ-DILUVIENNE

DE LA CHINE.

HISTOIRE
ANTÉ-DILUVIENNE
DE LA CHINE,

OU

HISTOIRE DE LA CHINE

DANS LES TEMS ANTÉRIEURS A L'AN 2298

AVANT NOTRE ÈRE,

PAR

M. LE MARQUIS DE FORTIA D'URBAN,

De l'Académie des Inscriptions et Belles-Lettres, et de plusieurs autres Académies et Sociétés littéraires, en France, en Italie, en Allemagne, en Belgique, et en Danemark.

PARIS,

IMPRIMERIE DE H. FOURNIER ET Cie,

14, RUE DE SEINE.

1838.

PRÉFACE

DU

MÉMOIRE SUR L'ANTIQUITÉ DE LA CHINE.

L'ouvrage auquel celui-ci sert de suite a été parfaitement bien analisé dans LE MESSAGER, journal du 1er février 1838, de la manière suivante :

HISTOIRE DES TEMS ANTÉ-DILUVIENS, SUIVIE D'UNE CHRONOLOGIE DE LA VIE DE JÉSUS-CHRIST.

Depuis le commencement du siècle, l'étude de l'antiquité du monde a fait de grands progrès : toutes les sciences ont dirigé leurs investigations de ce côté, et de consciencieux travaux ont amené d'intéressantes découvertes sur l'âge du globe et ses transformations successives. Cependant le passé du monde est loin d'être complètement réédifié. Ceux qui ont le plus contribué à cette reconstruction, sont les géologues qui, Cuvier en tête, sont allés demander aux entrailles de la terre les preuves de la quasi-éternité de son existence; et l'assentiment de l'Europe entière a démontré que ce n'étaient point là des sistèmes plus hardis que solides, des théories plus brillantes que sérieuses, mais bien de réelles découvertes, des vérités constatées.

Dans cette voie, l'archéologie n'a pas voulu rester en arrière de la géologie. Le musée égiptien nous a traduit les enseignemens que les terres du Nil présentent dans leurs livres de granit, et des preuves irrécusables sont venues corroborer cette vérité, que le monde a joui d'une antiquité incomparablement plus haute que celle que lui assigne l'opinion vulgaire.

Mais ces découvertes de la science n'ont pas tardé à alarmer la plupart des hommes religieux qui y voyaient la réfutation formelle des premières pages des livres sacrés, et la négation presque entière de leurs principaux points chronologiques. De tout tems, la Bible a passé pour un livre inspiré ; or, comment supposer des erreurs à la connaissance divine, comment concilier ce mot — ignorance, avec celui-ci — omni-science? Ces scrupules nés au fond des consciences ont fait repousser par un grand nombre d'esprits, éminens d'ailleurs, les découvertes et les sistèmes des Cuvier, des Champollion des Brongniart, des Élie de Beaumont, etc. Cependant ceci n'était que l'effet d'un malentendu. Il y avait une distinction à faire, importante, rationelle, et néanmoins nullement irréligieuse; il fallait prendre les livres sacrés pour ce qu'ils sont, véritablement inspirés quant au dogme, mais en aucune manière inspirés sous le rapport de la science. Dans la Bible, la morale est divine, oui; mais les questions scientifiques se ressentent nécessairement de l'état d'infériorité des connaissances humaines à l'époque où elle a été écrite.

Cette distinction si judicieuse et si vraie, si simple en apparence, mais si importante au fond, qu'elle est, à elle seule, tout un sistème, est due à M. le marquis de Fortia d'Urban, membre de l'Institut, qui vient de l'exposer dans les prolègomènes d'une histoire des *Tems anté-diluviens* à laquelle il consacre les résultats scientifiques que toute une vie de recherches lui a permis de recueillir. Homme profondément religieux, M. de Fortia ne peut pas être accusé de vouloir porter la moindre atteinte au dogme; écrivain d'une érudition peu commune, on serait mal venu de l'accuser de parler avec légèreté. Ainsi sa doctrine présente toutes les garanties désirables aux hommes de foi, comme aux hommes de science; il nous semble difficile que les uns et les autres ne l'adoptent pas.

Nous allons exposer brièvement les

principales idées que se propose de développer l'auteur de l'*Histoire des tems anté-diluviens.*

Il commence d'abord par établir d'une manière convaincante cette vérité que nous avons déjà indiquée, à savoir : que les livres sacrés, inspirés à coup sûr pour le dogme, ne le sont nullement pour la science. Il est en effet fort simple de concevoir que l'étude des sciences ne devait pas être leur véritable objet : ils ne contiennent certainement pas les principes de la géographie, ni ceux de la chronologie; encore moins ceux qui les ont écrits n'ont-ils pas voulu composer une histoire universelle. La Bible a été écrite pour le peuple juif, elle ne s'adressait qu'à lui et n'avait que lui pour objet : l'histoire des autres nations lui importait fort peu. Alors on comprend très bien pourquoi la Bible n'a été et ne devait être que l'histoire de ce peuple. Il est très peu nombreux, et son exiguité est le meilleur argument qui ôte à nos livres sacrés toute prétention à l'universalité sous le rapport historique. M. de Fortia a raison de faire observer que si Moïse avait voulu écrire l'histoire du monde entier, il aurait dit quelque chose du commencement du royaume d'Égipte, dont un séjour de plusieurs années lui avait sans doute permis d'étudier l'origine. Des monumens irrécusables ont prouvé que cette origine remontait à la plus haute antiquité. Il est un autre état aussi, vaste, antique, civilisé bien avant le peuple juif, la Chine; Moïse n'en a rien dit, il n'a donc pas voulu composer l'histoire universelle du globe.

Quant à la chronologie de la Bible, l'auteur est pleinement dans son droit d'en contester l'infaillibilité. « L'existence « du monde (dit-il avec raison) remonte « au-delà de l'histoire, et nous ne pouvons « fixer l'époque à laquelle a vécu le pre- « mier homme. » La croyance en l'antiquité indéfinie du monde, n'est point contraire à notre dogme; trop de preuves au reste établissent cette antiquité pour qu'il soit possible, même aux hommes les plus timidement religieux, de ne pas s'y rendre. C'est Platon qui nous assure que de son tems les arts étaient connus en Égipte depuis *dix mille ans*, ajoutant que *c'est là la vérité la plus exacte et non une façon de parler.*

Le calcul des dinasties successives

des rois d'Égipte donne, depuis Ménès, premier roi de cette contrée, jusqu'à notre ère, un nombre de 5639 années; enfin, pour borner ici la série des preuves tirées de l'ouvrage de M. de Fortia, nous trouvons en Chine une histoire authentique, précédant de deux générations au moins l'année 2637 avant notre ère. Si l'on voulait un exemple frappant de l'inexactitude de la chronologie de la Bible, on le trouverait dans la personne de Mathusalem, lequel, d'après son âge, calculé depuis l'année de sa naissance donnée par l'Écriture, aurait vécu quatorze ans après le déluge, quoiqu'il ne se trouvât pas dans l'arche.

Il n'est pas enfin jusqu'à l'Évangile, qui ne présente des points de chronologie erronés et douteux. Cependant, plus rapproché de nos jours, il aurait dû nous parvenir avec moins d'altération que la Bible. D'un autre côté, ses rédacteurs, qui étaient contemporains des faits racontés, auraient dû s'accorder au moins sur les dates principales et caractéristiques. Il n'en est point ainsi, et la seule date de la naissance de Jésus-Christ qui s'y trouve est reconnue fautive, même à Rome. M. de Fortia, qui, en soutenant l'opinion des Bénédictins de l'*Art de vérifier les dates*, avait reculé de six années la première de notre ère [1], est en mesure de prouver, dans le cours de son ouvrage, que Jésus-Christ, d'après le

1. *Chronologie de Jésus-Christ.* Fournier, rue de Seine, 14.

texte de saint Jean, avait bien plus de trente ans à sa mort.

M. de Fortia examine une troisième question où la science humaine peut fort bien aller à l'encontre de l'autorité de la Bible : c'est l'universalité du déluge. Il suffisait qu'il eût inondé tous les pays connus alors (et ils étaient peu nombreux et peu étendus), pour que, par la gravité de la catastrophe, les historiens sacrés en aient fait un malheur général, universel. M. de Fortia rapporte à ce sujet la conversation d'un empereur de la Chine et d'un voyageur, dans laquelle le premier nie pertinemment la submersion, à cette époque, de l'empire chinois et des Indes.

L'histoire chinoise, sur laquelle l'auteur appuie ses principales assertions, est souvent citée dans les prolègomènes que nous examinons. Son importance justifie son emploi. Quant à son authenticité et à son exactitude, elles sont affirmées dans les termes les plus formels par le père Amiot, juge compétent et nullement suspect en cette matière. En terminant un Mémoire où il fait valoir les preuves qui l'ont convaincu, ce savant célèbre conclut ainsi : « Les an-« nales chinoises sont préférables aux « monumens historiques de toutes les « autres nations; elles méritent toute « notre confiance; elles peuvent aider « les savans à remonter jusqu'aux pre-« miers siècles du renouvellement du « monde. Enfin, ajoute-t-il, ces annales « sont l'ouvrage le plus authentique qui « soit dans l'univers. »

Nous pensons que c'est cette histoire qui á donné l'idée à M. de Fortia, comme elle lui en a fourni les moyens, de faire l'histoire des tems anté-diluviens. La brochure que nous examinons en est seulement l'avant-propos; aussi nous ne l'acceptons que comme une promesse dont nous attendons la réalisation pour porter un jugement plús complet sur le sistème nouveau. Les quelques pages que nous avons lues témoignent d'une hauteur de vue et d'une indépendance de raison qui fait bien augurer pour la suite de l'ouvrage, que la singulière vigueur de l'auteur lui permettra d'amener à bieñ. En cette occasion, ses sentimens religieux serviront beaucoup à la science; car, si l'auteur était autre, les esprits exaltés ou timides crieraient à l'athéisme, à l'incrédulité, et chercheraient ainsi à déverser l'odieux sur cette doctrine cependant fort saine, — qu'en fait d'histoire, la Bible ne doit pas être prise dans un sens trop absolu. C'était là, au reste, l'opinion d'un père de l'Église, à la science et à la piété duquel M. Fleury rend toute justice, d'Origène qui disait : « que, dans les livres sacrés, l'histoire « même des faits qui ne sont point ar- « rivés ne doit pas être prise dans le sens « matériel; » observant de plus : « qu'aux « histoires qui sont arrivées réellement, « en sont mêlées d'autres qui n'ont ja- « mais eu lieu. »

Ce témoignage est formel : M. de Fortia est le premier qui ait appelé ce passage à l'appui du sistème qu'il soutient, Cette opinion lui donne de la force par l'autorité qu'elle acquiert de l'existence de l'auteur, aux premiers siècles de l'Église.

ADOLPHE AUBENAS.

OBSERVATIONS DE L'AUTEUR.

Je me félicitais d'avoir été si bien compris par un jeune compatriote, dont le suffrage ainsi motivé flattait mon amour-propre, lorsque j'ai reçu le Journal des Savans du mois de janvier, qui, à la page 57, par un article très bref et très sec, m'a sur-le-champ fait comprendre que l'auteur de cet article n'avait pas la même bienveillance pour moi.

Tout ce qu'il a observé dans mon ouvrage, c'est que j'avais tort, selon lui, d'écrire *Égipte*. Je suppose qu'il aurait voulu que j'écrivisse *Égypte*. J'ai pris en Italie l'usage de remplacer les *y* par des *i* lorsqu'ils étaient purement étimologiques et qu'ils n'indiquaient pas deux *i* comme dans le mot *envoyer*. Peut-être ai-je eu tort. Mais, à l'âge où je suis parvenu, on conserve ses habitudes, même lorsqu'elles peuvent ne pas paraître bonnes. J'ai tâché de justifier la mienne dans un ouvrage que ceux qui voudront examiner cette question, assez peu importante, pourront consulter [1]. Au reste, j'avertis ceux qui tiennent au sis-

1. Nouveau sistème de bibliographie alfabétique. Paris, 1822.

tème étimologique, d'abord que le mot *Égipte* est grec, et que les Grecs défiguraient les noms des pays étrangers, comme nous le fesons nous-mêmes en désignant par le nom d'Angleterre le pays que nous devrions appeler *England;* ensuite que les Grecs écrivaient *Aiguptos* (Αἴγυπτος), en sorte que les puristes auraïent dû écrire *Ægypte*, comme on le fesait autrefois : puisqu'ils ont remplacé *æ* par *e*, je ne suis pas bien coupable de m'être entièrement conformé à notre prononciation en préférant *i* à *y*.

L'auteur du très petit article auquel je réponds, et qui n'est pas signé, ajoute une phrase que je n'ai pas bien comprise. Il souligne un passage, qu'il a sans doute puisé dans mon ouvrage, que la

Bible n'est pas, selon moi, inspirée pour la chronologie. Il aurait pu ajouter que l'opinion des Bénédictins, dont lui-même parle ensuite, d'après moi, sur la chronologie de Jésus-Christ, était une preuve évidente que ces religieux n'ont pas cru plus que moi à cette inspiration. Le grand nombre des sistèmes différens composés sur la chronologie de la Bible prouve que tous les chronologistes, sans en excepter dom Calmet, ont eu la même opinion que moi. Par exemple, dans sa Table chronologique de l'Histoire de la Bible, placée à la suite de son Dictionnaire de la Bible[1], dom Calmet, après avoir dit que Jéroboam II, roi d'Israël,

1. Genève, 1730, tome IV, p. CCL.

mourut l'an 778 avant notre ère, et que Zacharie, son fils, lui succéda, ajoute ensuite :

« La chronologie est embarrassée en « cet endroit. Le quatrième des Rois, « XV, 8, 12, met la mort de Zacharie « en l'an 38 d'Ozias, et ne lui donne que « six mois de règne, et toutefois, en « supputant ce qui reste du tems jus- « qu'à la fin du royaume d'Israël, il faut « ou reconnaître un interrègne de neuf « ou onze ans entre Jéroboam II et Za- « charie, avec Ussérius, ou dire que « Jéroboam II a régné cinquante-un ans, « ou enfin qu'il n'a commencé qu'en « 3191, et n'a fini qu'en 3232, qui est « l'année de la mort de Zacharie. »

Je pourrais citer une foule d'autres

difficultés de ce genre. L'opinion que la Bible n'est point inspirée pour la chronologie ne m'est donc nullement particulière, et n'infirme en aucune manière mes croyances religieuses. Je trouve ici une nouvelle occasion de le répéter, et j'en remercie l'auteur de l'article dont je parle.

Paris, 4 février 1838.

Le Marquis DE FORTIA.

Quant aux argumens qui prouvent l'authenticité de l'histoire anté-diluvienne de la Chine, je les avais déjà produits en 1809, dans le sixième volume des Mémoires pour servir à l'histoire ancienne du globe, et ils viennent d'être employés de nouveau par M. G. Pauthier, membre de plusieurs sociétés savantes, dans sa Description historique, géographique et littéraire de la Chine. (Paris, 1837.)

P. S. du 9 mars 1838. — Un fragment très remarquable de l'Histoire chinoise a été inséré par M. Édouard Biot dans la Revue Française de février 1838, page 16; l'auteur fait une observation très importante sur l'authenticité de l'histoire de la Chine, page 51 de son ouvrage: c'est que les observations astronomiques qui y sont rapportées, en remontant à l'an 1100 avant notre ère, sont exactes et indubitables: car, ajoute le savant écrivain, ces observations, faites au gnomon, fournissent une inclinaison de l'écliptique, qui n'a pu être supposée plus est souvent citée dans les prolègomènes que nous examinons. Son importance justifie son emploi. Quant à son authenticité et à son exactitude, elles sont affirmées dans les termes les plus formels par le père Amiot, juge compétent et nullement suspect en cette matière. En terminant un Mémoire où il fait valoir les preuves qui l'ont convaincu, ce savant célèbre conclut ainsi : « Les annales chinoises sont préférables aux « monumens historiques de toutes les « autres nations; elles méritent toute « notre confiance; elles peuvent aider « les savans à remonter jusqu'aux premiers siècles du renouvellement du « monde. Enfin, ajoute-t-il, ces annales « sont l'ouvrage le plus authentique qui « soit dans l'univers. »

Nous pensons que c'est cette histoire qui a donné l'idée à M. de Fortia, comme elle lui en a fourni les moyens, de faire l'histoire des tems anté-diluviens. La brochure que nous examinons en est seulement l'avant-propos; aussi nous ne l'acceptons que comme une promesse dont nous attendons la réalisation pour porter un jugement plus complet sur le sistème nouveau. Les quelques pages que nous avons lues témoignent d'une hauteur de vue et d'une indépendance de raison qui fait bien augurer pour la suite de l'ouvrage, que la singulière vigueur de l'auteur lui permettra d'amener à bien. En cette occasion, ses sentimens religieux serviront beaucoup à la science; car, si l'auteur était autre, les esprits exaltés ou timides crieraient à l'athéisme,

Il est évident que l'auteur anglais, entièrement occupé de la Chine moderne, a peu ou point étudié la Chine ancienne. Une nouvelle édition de son ouvrage, ou de sa traduction, corrigera sans doute ces assertions, hazardées trop légèrement. Il est fâcheux qu'un écrivain aussi éclairé ait voulu parler de tems qu'il ne connaissait pas, et n'ait pas gardé le silence sur une matière presque entièrement étrangère à son sujet comme à ses connaissances. C'est un tort qui n'est malheureusement que trop commun aujourd'hui. L'histoire est devenue si vaste, qu'il est bien difficile d'en étudier toutes les parties avec le même soin, et je l'ai prouvé clairement par une erreur échappée même aux auteurs de l'Art de vérifier les dates.

HISTOIRE ANTÉ-DILUVIENNE DE LA CHINE,

OU

HISTOIRE DE LA CHINE

DANS LES TEMS ANTÉRIEURS A L'AN 2298 AVANT NOTRE ÈRE [1].

CHAPITRE ONZIÈME.

Antiquités de la Chine.

Le grand ouvrage que je prépare sur l'histoire des tems anté-diluviens n'est pas encore prêt à être publié. Je me contenterai de donner ici un aperçu sur les tems anté-diluviens de la Chine; je crois que cet aper-

1. Les numéros de cet ouvrage, lu à l'Académie des Inscriptions le 10 novembre 1837, suivent ceux de la préface de l'Histoire des Tems anté-diluviens, à laquelle il sert de preuve.

çu suffira pour convaincre tous ceux qui voudront le lire avec quelqu'attention, que la Chine a eu une histoire à cette époque, et que cette histoire est incontestable.

Lorsque les missionaires furent à la Chine [1], avec le projet d'instruire le peuple de ce vaste empire, et de lui enseigner la religion qu'ils professaient, ils furent eux-mêmes surpris de l'étonnante population de la Chine, de l'antiquité et de l'authenticité de ses annales. Dès le 11 août 1730, le père Parennin prouva cette authenticité dans une lettre imprimée parmi celles des missionaires [2], et adressée à M. Dortous de Mairan, alors directeur de l'Académie des Sciences.

« On ne voit point que les Chinois, « comme d'autres nations, aient eu des

1. Sur l'entrée des missionaires à la Chine, voyez les Mémoires pour servir à l'histoire ancienne du globe. Paris, 1807. IV, p. 121.

2. Lettres édifiantes et curieuses. Tome XXI. Paris, 1734. p. 112-120.

« raisons prises, ou de l'intérêt, ou de la
« jalousie des peuples voisins, pour altérer
« ou falsifier leur histoire : elle consiste
« dans une exposition fort simple des prin-
« cipaux faits qui peuvent servir de modèle
« et d'instruction à la postérité. Leurs his-
« toriens paraissent sincères, et ne cher-
« chent que la vérité : ils n'affirment point
« ce qu'ils croient douteux; et, lorsqu'ils
« ne s'accordent point ensemble sur la
« durée plus ou moins longue d'un règne
« particulier, ou d'une dinastie entière, ou
« de quelqu'autre fait, ils apportent leurs
« raisons et laissent à chacun la liberté d'en
« croire ce qu'il voudra.

« On ne remarque pas que leurs histo-
« riens aillent chercher l'origine de leur
« nation dans les tems les plus reculés; il
« ne paraît pas même qu'ils soient persuadés
« que venir de loin ce soit venir de bon
« lieu, ni que la gloire d'une nation con-
« siste dans son ancienneté. Si cela était,
« on ne verrait pas les Chinois révoquer

« en doute les tems avant *Fo-hi*, beaucoup « moins ceux de *Fo-hi* jusqu'à *Hoang-ti ;* « ils ne diraient pas que depuis *Fo-hi* jus-« qu'à *Yao*, il y a des règnes incertains; « qu'on ne convient pas que les empereurs « placés entre *Chin-nong* et *Hoang-ti* se « soient succédé les uns aux autres, et « qu'ils pouvaient n'être que des princes « tributaires ou de grands officiers con-« temporains; enfin, ils s'accorderaient « parfaitement sur le tems qui s'est écoulé « depuis Yao jusqu'à nous, sans disputer « ensemble pour quelques années de plus « ou de moins.

« On m'objectera peut-être, » ajoute le père Parennin, « que quelques Chinois ont « fait commencer leur empire un nombre « prodigieux d'années avant *Fo-hi*; mais « on sait assez, à la Chine, que cette sup-« putation est l'effet de leur ignorance, « plutôt que de leur malice, et qu'ils ont « été trompés par les époques feintes de « quelques astronomes. La grande histoire

« de la Chine n'a garde de rien dire de sem-
« blable, et, sans faire attention à ces
« tems fabuleux qui ont précédé *Fo-hi*, elle
« fixe le commencement de l'empire au
« règne de ce prince. »

Il est vrai que l'empereur *Tsin-chi-hoang-ti*, qui monta sur le trône de la Chine l'an 246 avant notre ère, entreprit d'abolir la littérature historique dans ce pays, et de détruire tous les livres qui ne traitaient ni d'agriculture, ni de médecine, ni de divination ; mais il ne faut pas croire que cet incendie fut semblable à celui d'une bibliothèque qui, en peu d'heures, peut être réduite en cendres. Dans le triage qu'il fallut faire en faveur des livres exceptés, on trouva le moyen de mettre en sûreté des exemplaires proscrits ; le zèle des lettrés en sauva un bon nombre. Les antres, les tombeaux, les murailles devinrent un asile contre la tirannie. Peu à peu on déterra ces précieux monumens de l'antiquité ; ils commencèrent à reparaître sans aucun risque au bout de cinquante-quatre ans, et soixante-quinze ans après l'incendie, on trouva les cinq *King* et les ouvrages philosophiques de Confucius et de *Meng-tsé* qui furent publiés [1].

Enfin, le père Parennin s'explique aussi clairement qu'il est possible, en disant [2] :

« Je ne prétends pas que, pour les faits « particuliers, on doive ajouter plus de foi « à l'histoire chinoise qu'elle n'en mérite, et « que n'en ajoutent les Chinois eux-mêmes ; « je dis seulement qu'à considérer cette « histoire en général, surtout depuis l'em- « pereur Yào jusqu'au tems présent, il y a « peu de chose à redire pour la durée totale, « pour la distribution des règnes, et pour « les faits qui sont de quelque impor- « tance. »

Tel est le langage du père Parennin ou plutôt Parrenin, jésuite de la province

1. Lettres édifiantes et curieuses, t. XXI, p. 121 et 122.
2. Id. p. 120.

de Lion, dont la correspondance avec M. de Mairan a été digne de l'impression [1], et fait honneur à tous les deux [2]. Il suivait l'empereur Kang-hi dans ses voyages, et nous lui sommes redevables des cartes de l'empire de la Chine. Son témoignage n'a été récusé par personne : il a même traduit une histoire de la Chine ; en sorte qu'il avait étudié ce sujet avec attention. L'histoire de la Chine qu'il a traduite est purement anté-diluvienne, puisqu'elle s'étend seulement depuis le règne de *Fo-hi* jusqu'à celui d'*Yao* [3]; elle n'a pas été imprimée. On y voyait ce que les Chinois pensaient sur l'origine de leur empire, de leurs sciences et de leurs arts [4]. C'est le père Parrenin lui-même qui nous

1. 1759, in-12.

2. Biographie universelle, par Feller. Paris, 1834, art. *Parrennin.*

3. Biographie universelle, publiée par M. Michaud. Paris, 1823, art. *Parrenin.*

4. Lettres édifiantes. Paris, 1734. XXI, 84.

l'apprend; une note ajoutée à sa lettre nous dit que cette histoire aurait occupé un petit volume in-12.

CHAPITRE DOUZIÈME.

Authenticité de l'histoire ancienne de la Chine.

Parmi les différentes parties des arts et des sciences qui ont été cultivées à la Chine, l'étude de l'histoire a toujours occupé le premier rang; et cette sage monarchie est peut-être la seule où le soin de transmettre à la postérité le souvenir des évènemens publics ait été regardé comme une fonction du gouvernement. Ce zèle pour la conservation des monumens historiques a produit chez ce peuple un nombre prodigieux d'écrivains; mais, dans cette multitude d'ouvrages qu'ils ont laissés, les Chinois distinguent leurs GRANDES ANNALES, dépôt général où sont consignés, par ordre des tems, tous les faits qui concernent leur monarchie, depuis l'époque de sa fondation : histoire authentique avouée de toute la nation, rédigée de siècle en siècle sous les ieux du gouvernement, et dont le fil non interrompu s'étend presque jusqu'à nos jours : l'autorité de ces Annales est irréfragable à la Chine, et les lettrés de cet empire témoignent pour cette collection une estime qui tient de la vénération. Instruits des mesures scrupuleuses qui ont été prises, sous chaque dinastie, pour la confection de cette grande histoire ; également informés des soins, du travail et des frais immenses qu'elle a coûtés, comme du mérite des grands écrivains qui l'ont successivement continuée, à portée d'ailleurs de connaître la critique sévère qui dirige le tribunal de l'histoire dans l'examen de tout ce qu'il approuve, ces lettrés croiraient insulter à la raison et ne devoir admettre aucun principe de certitude historique, s'ils formaient quelque doute sur la véracité de ces Annales [1].

Elles ont cependant trouvé et trouvent encore en Europe un grand nombre de contradicteurs; l'antiquité de cet empire étonne, et notre orgueil humilié se persuade avec peine qu'il existe, à l'extrémité de l'Asie, un peuple qui observait déjà le cours des astres, qui avait des lois, des arts, des académies, des philosophes, lorsque nous errions encore en hordes sauvages dans les forêts de l'Allemagne et du Nord, ou du moins lorsque le silence de notre histoire a autorisé cette assertion. On objecte, et l'on ne cesse de répéter, que l'origine des Chinois et les premiers tems de leur histoire sont enveloppés d'une obscurité profonde; mais quand on admettrait la solidité de cette objection, que peut-il

1. Histoire générale de la Chine. Paris, 1777, t. I, p. XXI et XXII de la préface, discours préliminaire de l'abbé Grosier.

en résulter? L'origine même des peuples de la France est-elle plus certaine, mieux connue, mieux établie? n'a-t-elle pas donné lieu à une foule d'opinions contraires et de sistèmes opposés? en conclura-t-on que cette incertitude, qui n'affecte que quelques siècles, doit rendre également suspectes la suite et la totalité de notre histoire[1]?

De semblables ténèbres couvrent le berceau de la plupart des grands empires, et cette obscurité répandue sur leur origine paraît découler de la nature même des établissemens politiques; en effet, les sociétés naissantes s'occupent peu du soin d'écrire leur histoire: des besoins plus pressans absorbent toute l'attention du fondateur et de la nation qui se forme. Des hommes à rassembler, une police, des lois, un gouvernement à établir, les premiers

1. Histoire générale de la Chine. *Ibidem*, p. xxix et xxx de la préface.

arts à inventer, des villes à construire, des terres à défricher, des ennemis à combattre, tels sont les objets vers lesquels se tournent d'abord toutes les vues politiques. Ce n'est qu'après plusieurs générations, lorsqu'un peuple a pris sa forme et sa consistance, qu'il songe à rédiger ses fastes; mais, à cette époque, les rédacteurs se trouvent, pour l'ordinaire, dépourvus de Mémoires sur les premiers tems, et, n'ayant d'autre guide, pour en tracer l'histoire, qu'une tradition vague, incertaine, et altérée; c'est alors que la crédulité, l'ignorance, l'amour du merveilleux et le désir d'une origine illustre, enfantent ces sistèmes absurdes de chronologie, ces descendances extravagantes, et toutes ces fictions ridicules qu'on lit à la tête des Annales de presque toutes les nations [1].

La Chine a aussi ses fables et ses siècles de mithologie adoptés par le peuple; mais

1. Histoire générale de la Chine. *Ibid.*, p. xxx et xxxi.

la partie éclairée de la nation les a toujours distingués des tems historiques, et tous les Savans de cet empire s'accordent sur l'époque qui les sépare de leurs Annales. En général, j'ose avancer que si quelque histoire ancienne présente des caractères frappans de certitude et d'authenticité, c'est sans contredit celle des Chinois [1]. On a vu (art. XI) que cette vérité était reconnue comme incontestable par le savant père Parrenin et les autres missionaires qui devinrent disciples des Chinois au lieu de maîtres pour les sciences historiques.

CHAPITRE TREIZIÈME.

Doutes de Fréret sur l'histoire de la Chine.

Les détails donnés à l'Académie des sciences par les missionaires sur l'histoire

1. *Ibid.*, p. XXXI.

de la Chine parvinrent à l'ancienne Académie des Inscriptions, où l'on ne put les concilier avec les idées reçues alors parmi nous, et ils furent vivement attaqués.

Ce fut en 1733 que Fréret composa sur ce sujet un Mémoire [1] qui fut imprimé parmi ceux de notre ancienne Académie, vaste recueil extrêmement savant et curieux dont il serait à désirer que toutes les parties fussent organisées de manière à former un corps de doctrine suivi et complet, comme on le trouve dans l'Art de vérifier les dates, où les connaissances historiques sont recueillies de manière à former un ensemble.

Dans son Mémoire, Fréret conclut en affirmant [2] qu'*Yao* et *Chun* sont les premiers empereurs de la Chine, et que leurs règnes, étant trop longs, devaient être

1. Mémoires de l'Académie royale des Inscriptions. Paris, 1736, t. X, p. 377.

2. *Ibid.*, p. 401 et 402.

raccourcis, mais que ce raccourcissement n'est pas nécessaire pour concilier la chronologie chinoise avec celle de la Genèse. « Car, » dit-il, « quelque durée que l'on « donne à ces deux règnes, la fondation de « la monarchie chinoise se trouvera tou- « jours postérieure à la vocation d'Abraham, » placée par la chronologie ordinaire [1], l'an 1921 avant notre ère, mais reculée plus haut par l'Art de vérifier les dates [2], l'an 2291 avant notre ère.

« Elle sera donc, » continue Fréret, « d'un « tems auquel, suivant le témoignage for- « mel de la Genèse, la terre était remplie « d'habitans, auquel les hommes, multi- « pliés à l'infini, avaient perdu le souvenir « de leur première origine, et formaient « un grand nombre de nations différentes, « parmi lesquelles il s'en trouvait de très « nombreuses. Les royaumes des Égiptiens

1. Sainte Bible, par M. Eugène Genoude. Paris, 1821. I, 63.

2. Avant Jésus-Christ, p. 88 de l'édition in-folio.

« et des Caldéens subsistaient depuis plu-
« sieurs siècles avec éclat, et les conquêtes
« des Élamites avaient formé un empire qui
« s'étendait depuis la Perse jusqu'aux fron-
« tières de l'Égipte, lorsque les Chinois sor-
« taient à peine de la barbarie dans laquelle
« la dispersion des hommes et la confu-
« sion des langues avaient plongé les des-
« cendans de Noé au tems de Phaleg. Les
« tems historiques des Chinois remontent
« beaucoup moins haut que ceux des Égip-
« tiens, et même que ceux des Cal-
« déens. »

Telle est la conclusion de Fréret; on verra dans la suite qu'il a peut-être raison pour l'histoire des Égiptiens et des Caldéens; quant à celle de la Genèse, elle ne peut être conciliée avec celle d'*Yao* monté sur le trône l'an 2358 avant notre ère [1],

1. Histoire générale de la Chine. Paris, 1777. I, 44. L'Art de vérifier les dates avant Jésus-Christ, p. 376, dit aussi 2357. Mais j'ai prouvé qu'il fallait augmenter cette date d'une année.

non pas postérieurement mais antérieurement à la vocation d'Abraham de 67 et peut-être de 437 ans, comme on vient de le voir.

Ces deux dates ne peuvent être conciliées qu'en admettant la non-universalité du déluge, ainsi que je l'ai suffisament prouvé [1]; mais l'opinion d'un déluge universel ayant été adoptée par les missionaires, et ne pouvant être conciliée avec celle des prédécesseurs d'*Yao* qui est incontestable, il semble que ces missionaires auraient dû saisir avidement les raisonnemens de Fréret, et nier avec lui ce qui s'opposait à leurs principes religieux : il n'en fut pas ainsi. Convaincus par une vérité qui leur était trop sensible pour qu'ils pussent la nier, ils n'en reconnurent pas avec moins de force l'authenticité des antiquités chinoises. Le père de Mailla, auquel s'adressa

1. Mémoires pour servir à l'histoire ancienne du globe, tome IX ; et première partie de cet ouvrage.

CHAPITRE QUATORZIÈME.

Suite de la réponse du père de Mailla à la dissertation de Fréret.

On a vu, par les dernières phrases que je viens de rapporter du père de Mailla, qu'il avertit Fréret qu'on l'a induit en erreur par les Mémoires qu'on lui a envoyés de la Chine. Ce sont vraisemblablement les rêveries du père Fouquet, adoptées par le père Prémare [1]. Le père de Mailla, voulant ramener Fréret aux véritables sources de la chronologie chinoise, qu'il connaissait parfaitement, comme le prouve son Histoire générale, continue sa réponse de la manière suivante :

« Les seuls chapitres *Yu-kong* et *Yn-tching* du *Chou-king* suffisent pour

1. Biographie universelle. Paris, 1816. XV, 357, article *Fouquet*.

« faire juger de l'ancienneté de la chrono-
« logie chinoise, sans avoir recours aux
« autres Mémoires anciens dont je vous ai
« parlé dans cette lettre. L'autorité de *Ssé-
« ma-tsien*, de *Se-ma-kouang*, de *Pan-
« kou*, soutenue de celle de Confucius,
« de *Tso-kieou-ming*, de *Meng-tsé*, etc.,
« ne peut être contre-balancée par les
« rêveries des sectaires et des romanciers
« dont les auteurs de vos Mémoires font
« usage.

« J'ai peu ménagé les Mémoires sur les-
« quels vous avez travaillé, et je ne vous
« en ferai point d'excuse; la vérité qu'il
« m'a paru que vous cherchiez avec tant
« de zèle, et que vous vous êtes efforcé in-
« utilement d'y trouver, la subtilité même
« avec laquelle vous tâchez de les défendre,
« en sont la principale cause; j'ai eu pour
« but de vous faire connaître cette vérité
« sans déguisement; et je ne pouvais y par-
« venir sans vous démontrer l'infidélité
« des Mémoires qui vous l'ont rendue mé-

« connaissable ; heureux si j'ai le bonheur « d'y réussir comme je le souhaite ! La vé« rité entre les mains d'une personne de « votre mérite ne peut manquer d'acquérir « un nouvel éclat. »

Il était impossible d'écrire avec le ton d'une confiance plus entière, que le fesait le père de Mailla ; mais il s'était cru obligé d'adoucir la fin de son plaidoyer, pour ne pas trop choquer son adversaire. Ce compliment ne suffit pas pour persuader Fréret. Il fit de nouvelles objections dans une lettre qu'il écrivit au père de Mailla en octobre 1735 [1], sans doute après avoir pris connaissance des Fastes de la monarchie chinoise, publiés cette année dans quatre très beaux volumes intitulés : Description de l'empire de la Chine et de la Tartarie chinoise, avec des cartes dessinées par le célèbre d'Anville.

1. Histoire générale de la Chine, tome I, préface, p. CXXXI.

Le missionaire répondit à Fréret les 19 et 28 octobre 1736 [1], et Fréret ayant écrit une seconde lettre le 1er novembre 1736 [2], le père de Mailla répliqua par une troisième renfermant les caractères chinois des anciennes dinasties, et le calcul astronomique de la conjonction des planètes observée à la Chine l'an 2461 avant l'ère chrétienne.

Fréret demanda encore de nouveaux éclaircissements dans sa lettre du 1er novembre 1737 [3], ce qui lui valut une réponse où le père de Mailla, le 16 novembre 1738 [4], ne lui dissimule pas son opinion.

« J'ai lu, Monsieur, » lui dit-il [5], « vos « dissertations imprimées dans les Mé-

1. *Ibid.*, p. CXXXIX et CXL.
2. *Ibid.*, p. CXLI.
3. *Id. ibidem.*
4. *Id.*, p CLXVI.
5. *Id.*, p. CLXV.

« moires de votre illustre Académie ; j'y « ai vu, autant qu'on peut en mettre, l'es- « prit briller de tous côtés dans des raison- « nemens établis sur de faux principes. Je « suis très persuadé qu'aujourd'hui vous « en connaissez la fausseté. »

Fréret, le 20 février 1737, revint sur ce qu'il avait dit dans son premier Mémoire, par des éclaircissemens qu'il inséra dans un nouveau volume des Mémoires de l'Académie des Inscriptions [1] ; et, après avoir prétendu sauver son honneur, en disant qu'il n'avait fait des objections que pour exciter le zèle des savans missionaires, il s'énonce d'une manière fort opposée à ce qu'il avait dit précédemment, en s'exprimant ainsi [2] :

1. Tome XV, p. 495. Ces éclaircissemens ont été lus en 1739. Ils sont conséquemment postérieurs par la lecture au mémoire imprimé en 1739, mais antérieurs pour l'impression ; en sorte que Fréret a pu faire des corrections à son Mémoire de 1737.

2. *Id.*, p. 497.

« Il est sûr par le témoignage de Confu-« cius [1] et d'un autre écrivain du même « tems [2], que ce pays a eu au moins six « rois avant *Yao.* »

Quelques lignes plus bas, Fréret avoue [3] que « l'histoire de la Chine est connue « avec certitude sous le règne d'*Yao*, puis-« que la connaissance en est fondée sur « des écrits et sur des monumens que les « plus anciens et les plus habiles écrivains « chinois se sont toujours accordés à re-« garder comme du tems même d'*Yao* et « de ses successeurs, » et il cite aussitôt après le *Yu-kong* [4], ou la Relation extraite par Confucius des anciennes Annales au-

1. *Hi-sé*, ou C mmentaires sur l'*Y-king*. On trouvera une notice du père Visdelou sur l'*Y-king* dans le *Chou-king*, publié par M. de Guignes. Paris, 1770, p. 404.

2. *Tso-chi* dans le *Tso-Tchouène*, ou Commentaire du *Tchune-Tsieou*, sur la vingt-cinquième année de *Hi-kong*, six cent trente-cinquième avant Jésus-Christ.

3. Mémoires de l'Académie des Inscriptions. XV, 498.

4. C'est le premier chapitre de la seconde partie du *Chou-king*.

thentiques, et donnée par *Yu* lui-même, des travaux entrepris et exécutés du tems même d'*Yao*, soit pour dessécher les pays inondés par les débordemens du *Hoang-ho*, c'est-à-dire du fleuve jaune, et par ceux du *Kiang* ou fleuve bleu, soit pour prévenir de pareils débordemens à l'avenir. Il reconnaissait donc l'ouvrage d'*Yu* comme authentique, et cet aveu était de la plus haute importance pour la chronologie chinoise, puisqu'il y fait remonter les monumens historiques de ce grand empire jusqu'à l'époque même du déluge.

CHAPITRE QUINZIÈME.

Fréret est convaincu de l'authenticité de la chronologie chinoise.

Fréret changea donc de langage dans le Mémoire qui fut imprimé six ans après celui dont je viens de parler : il n'y admet plus aucun doute sur la chronologie chinoise, qu'il regarde comme portée à un degré d'évidence qui approche de la démonstration; car, dit-il avec raison, chaque science a ses démonstrations [1].

S'efforçant ensuite de concilier cette chronologie avec celle de la Genèse, il fait à ce sujet des raisonnemens très sages, qui m'ont paru mériter d'être répétés en entier; après avoir parlé du manuscrit des Massorèthes, de celui des Samaritains et de celui des Septante, il ajoute [2] :

« La variété de ces différens manuscrits, « tous également autorisés, nous laisse la « liberté du choix, et il nous est permis de « préférer celui qui facilite davantage la « conciliation de la chronologie des his- « toires profanes avec celle de l'Écriture. « Cette conciliation est beaucoup plus im-

1. Mémoires de l'Académie des Inscriptions. XV, 263.

2. *Id.*, p. 293 et 294.

« portante que ne le croient ceux qui, par « un respect mal entendu pour les Masso- « rèthes, prennent le parti de rejeter toutes « celles des traditions historiques qu'ils ne « peuvent ajuster avec leurs chronolo- « gies.

« Les critiques qui raisonnent ainsi, » continue Fréret, « oublient qu'ils ne pour- « raient démontrer aux esprits forts et aux « infidèles la certitude des traditions hé- « braïques, qu'en prenant pour premier « principe de critique, qu'il faut en croire « une nation sur sa propre histoire, lors- « que cette histoire est suivie et liée dans « ses différentes parties, lorsqu'elle ne con- « tient que des faits admis comme vérita- « bles par toute la nation, et lorsque cette « persuasion est appuyée sur des monu- « mens d'une antiquité certaine. En reje- « tant des histoires profanes qui ont de « semblables caractères, n'est-ce pas dé- « truire le principe même sur lequel on se « fonde? A quel moyen les théologiens au-

« ront-ils recours pour détruire les objections de ceux qui ne regardent pas la « Bible comme un livre revêtu d'une autorité divine, et qui ait été écrit par des « hommes inspirés? Allégueront-ils comme « une exception en faveur des Juifs, leur « attachement à la religion, aux lois et aux « coutumes anciennes? mais ce même attachement avait lieu chez les autres nations, et les Chinois le peuvent disputer « aux Juifs, eux dont la monarchie subsiste « depuis quatre mille ans avec la même « forme de gouvernement, les mêmes lois « et les mêmes usages, eux qui ont toujours été une nation studieuse, qui font « le plus grand cas des lettres et conservent jusqu'aux moindres fragmens de « leurs anciens livres avec un soin qui va « jusqu'à la superstition, et qui, depuis « deux mille ans, fait une des principales « attentions du gouvernement. »

Ces raisonnemens étaient péremptoires, il n'y avait rien de plausible à y répliquer;

mais il y a des théologiens timorés qui craignent de se voir convaincus de vieilles erreurs, respectables sans doute par leur ancienneté, mais qui doivent disparaître devant des vérités que le tems et l'observation ont rendues incontestables ; telle est l'existence des antipodes[1] ; telle est encore la certitude du mouvement de la terre autour du soleil ; telle est aussi l'antiquité de l'histoire que je crois avoir démontrée dans mon Discours préliminaire. Mais Fréret n'en était pas encore là : cette vérité aurait peut-être été trop hardie pour le tems auquel il écrivait ; il se contente d'insister sur l'authenticité de l'histoire des Chinois, sujet qu'il a traité avec un grand intérêt, et sur lequel il mérite d'autant plus d'être cru, que ce sont les missionaires qui l'ont ramené à la vé-

1. Ainsi que je l'ai fait voir à l'article ou chapitre Ier, on trouvera des détails curieux sur ce sujet dans les Traditions tétratologiques, par Jules Berger de Xivrey. Paris, 1836, p. 185-188.

rité, quoiqu'il eût d'abord une opinion contraire. Si donc il était réduit à combattre quelques théologiens, il avait pour lui la Société des Jésuites, à laquelle appartenaient le père Parrenin, le père Du Halde et le père de Mailla, société dont la science était reconnue à cette époque; il devait donc être écouté avec bienveillance, comme il l'a été à l'Académie lorsqu'il a fait les raisonnemens que je crois devoir reproduire ici.

CHAPITRE SEIZIÈME.

Réponse de Fréret aux objections des théologiens.

« La plupart des théologiens, en écri-
« vant sur ces matières, raisonnent comme
« si les adversaires dont ils entreprennent
« de réfuter les opinions, avaient les mêmes
« opinions qu'eux sur ce qui fait le fond

« de la dispute, et ils ne pensent pas que « les principes qu'ils leur opposent, pour « les obliger de recevoir les traditions his- « toriques des Juifs, et de rejeter celles des « autres nations, ne sont pas admis par « ceux qu'ils combattent. Une des pre- « mières règles de la Critique est de n'em- « ployer que des principes communs aux « deux partis, surtout que ceux que nous « attaquons ne puissent pas se servir contre « nous des principes d'où nous partons. « C'est par cette raison, jointe à plusieurs « autres, que je me suis attaché à éclaircir « et à discuter l'ancienne chronologie des « nations profanes: j'ai reconnu, par cette « étude, qu'en séparant les traditions véri- « tablement historiques anciennes, suivies « et liées les unes aux autres, et attestées « ou même fondées sur des monumens re- « çus comme authentiques, qu'en les sépa- « rant, dis-je, de toutes celles qui sont « manifestement fausses, fabuleuses ou « même nouvelles, le commencement de

« toutes les nations, même de celles dont « on fait remonter le plus haut l'origine, « se trouvera toujours d'un tems où la vraie « chronologie de l'Écriture montre que « la terre était peuplée depuis plusieurs « siècles; j'appelle la vraie chronologie « celle des Septante et celle des Samari- « tains; car pour celle du manuscrit des « Massorèthes, qui donne lieu à des diffi- « cultés et à des embarras dont les com- « mentateurs n'ont encore pu se tirer, « j'avoue que je ne puis la regarder que « comme une chronologie tronquée et al- « térée, comme l'ont prouvé Vossius, le « père Pezron, le père de Tournemine et « plusieurs autres critiques catholiques et « protestans. »

Cette conclusion si bien motivée prouve que Fréret avait été converti par le père de Mailla, qu'il était entièrement revenu de ses préjugés contre la chronologie chinoise, et qu'il a eu avant moi l'idée de la faire servir de base à notre chronologie ancienne. Peu sensible aux argumens par lesquels le père Martianay et surtout le père Le Quien semblaient avoir combattu victorieusement le père Pezron[1] en soutenant le texte hébreu de la Genèse contre la version des Septante, il s'attache à la chronologie que donne cette version, et qui n'est guère plus aisée à concilier avec l'Histoire de la Chine. En effet, le père Pezron est bien d'accord avec lui-même, lorsqu'il affirme[2] que, l'an 2952 avant notre ère, *Fo-hi* établit le royaume de la Chine 764 ans après le déluge, et 223 ans après la dispersion des peuples; mais cette date n'est point celle que donne le père Amiot[3] pour l'avènement de l'empereur *Fo-hi*, qui est l'an 3461 avant notre ère. Le père

1 Mémoires pour servir à l'histoire ancienne du globe. Paris, 1808. VII, 228.

2. Défense de l'antiquité des tems. Paris, 1691, canon chronologique, p. 4.

3. Mémoires concernant l'histoire des Chinois, par les missionnaires de Pékin. Paris, 1788. XIII, 229.

de Mailla [1] donne même deux prédécesseurs à *Fo-hi*, savoir : *Yeou-tsao-chi* et *Soui-gin-chi*.

Le sistème du père Pezron est soumis à bien d'autres objections, indépendamment de son opposition au texte hébreu, qui est le plus généralement reçu, et même à la version des Septante qu'Eusèbe a préférée. Le père Pezron ni le père Amiot n'ont eu l'idée de la non-universalité du déluge qui seule peut aisément dénouer ce nœud gordien.

Cependant, tant que vécut Fréret, personne n'osa rentrer dans cette carrière d'ailleurs si épineuse. Loin d'attaquer les historiens chinois, M. de Guignes, qui avait été reçu à l'Académie en 1743, y lut un Mémoire l'année suivante, où il prouva combien la connaissance de ces historiens était utile pour éclaircir l'histoire des

1. Histoire générale de la Chine. Paris, 1777. I, 1, 2, 3.

rois grecs de la Bactriane, et particulièrement la destruction de leur royaume par les Scithes [1].

Ce ne fut qu'après la mort de Fréret, arrivée en 1749, que le savant M. de Guignes osa recommencer la dispute sur les Antiquités chinoises. Élève du célèbre Fourmont, si distingué par ses connaissances dans les langues orientales, et chez lequel il avait été placé dès l'âge de quinze ans, il avait acquis en peu de tems une grande connaissance de la langue chinoise et des divers idiômes de l'Orient. A la mort de son maître, arrivée en décembre 1745, il l'avait remplacé à la bibliothèque royale où il avait été nommé secrétaire-interprète pour les langues orientales [2]; il ne pouvait être plus en mesure de reprendre la discus-

1. Histoire de l'Académie royale des Inscriptions. Paris, 1759, t. XXV, p. 17 des Mémoires.

2. Biographie universelle. Paris, 1817. XIX, 99, art. *Guignes*.

sion que Fréret avait soutenue et abandonnée. Il n'avait que vingt-huit ans lorsque cet habile chronologiste mourut, et il ne craignit pas de combattre les Jésuites qui furent ses agresseurs.

CHAPITRE DIX-SEPTIÈME.

Travaux de M. de Guignes sur la chronologie chinoise.

Dès l'an 1756, à l'âge de trente-cinq ans, de Guignes publia les deux premiers volumes de son grand ouvrage intitulé : « Histoire générale des Huns, des Turcs, « des Mogols [1] et des autres Tartares occi-« dentaux avant et depuis Jésus-Christ jus-« qu'à présent, précédée d'une introduc-« tion contenant des tables historiques

1. On écrit aujourd'hui *Mongols*.

« et chronologiques des princes qui ont « régné dans l'Asie. » Les trois derniers volumes, qui complétaient l'ouvrage, ne se firent pas long-tems attendre, et parurent en 1758.

La première partie du premier volume, qui contient les tables chronologiques et peut donner une idée de tout l'ouvrage, est divisée en huit livres dont le premier est consacré à la Chine. L'auteur y prend avec raison l'an 2697 avant notre ère pour la première année du cicle chinois[1]. Il croit que Fo-hi a pénétré dans la Chine, et qu'il tenait sa Cour dans une ville du *Chen-si* nommée *Tchin*[2], sans que l'on

1. P. 4 du texte de l'Histoire des Huns.

2. C'est peut-être Si ngan-fou dans le *Chen-si*. Cette ville a été la capitale de la Chine avant *Pé-kin*. (*Art.* V.) C'est peut-être aussi *Tching-tou-fou* dans la province de *Ssé-tchuen*, où le père de Mailla dit que résidait *Fo-hi* (Hist. gén. de la Chine. I, 6). Cet historien écrit *Tchin-tou*, ce qui ne diffère que d'une lettre de *Tching-tou*. J'expliquerai cette différence dans la suite.

puisse déterminer l'époque à laquelle a vécu cet empereur[1]. Ilsuit les Annales ordinaires en commençant l'histoire à *Hoang-ti*, que M. de Guignes appelle *Hoam-ti*[2]. Mais, outre les Annales ordinaires, il marque encore les différences que le *Tsou-chou* nous indique. *Tsou-chou*, dit-il, signifie *le livre de bambou ;* il se serait fait mieux comprendre s'il avait dit : « Livre écrit sur « des planchettes de bambou, » ainsi que nous en avons plusieurs ; j'en ai moi-même dans mon cabinet. Ce *Tsou-chou* est une vieille chronique chinoise qui a échappé à l'incendie général des livres comme le *Chou-king*, et qui, par conséquent, nous présente un ancien sistème de chronologie que, suivant M. de Guignes, qui ne se trompe nullement ici, il ne faut pas rejeter sans examen. C'est par là, sans doute, qu'il comptait donner la supériorité à son travail sur celui du père Du Halde qui avait

1. Histoire des Huns, p. 4.

2. Hist. des Huns, p. 5.

publié ses Fastes de la monarchie chinoise dès l'an 1735 (*art.* XIV), ouvrage imprimé avec le plus grand luxe et rédigé sur les Mémoires de vingt-sept missionaires nommés à la fin de la préface du premier volume. On verra bientôt (*art.* XX) le peu d'estime que mérite ce *Tsou-chou* dont M. de Guignes a voulu faire usage.

De Guignes ne paraît pas même avoir parlé du grand et très remarquable ouvrage du père Du Halde qui cependant avait paru vingt et un ans avant le sien. Aussi les journalistes de Trévoux attaquèrent l'Histoire des Huns. De Guignes répondit à cette critique par une lettre insérée dans le Journal des Savans de 1757, et à la fin du cinquième volume de son histoire [1]. La dispute fut terminée par une note qu'on lit à la fin de ce volume, et où l'auteur renvoie aux Annales chinoises [2].

1. Paris, 1758, p. 545.

2. Voyez ci-après, à l'article XXII, ce que dit en 1758 le professeur Des Hautes Rayes sur l'histoire des Chinois.

De Guignes s'était beaucoup occupé de l'écriture chinoise : il avait cru trouver un rapport entre les caractères de cette écriture et les hiérogliphes des Égiptiens. Des Hautes-Rayes, élève comme lui du savant Fourmont, versé comme lui dans la connaissance du chinois et des langues orientales, doué d'une érudition solide et d'un jugement sain, combattit cette idée avec succès [1]. Les missionaires ne l'approuvèrent pas davantage et démontrèrent qu'elle n'était pas soutenable. De Guignes, soit que, sans s'en apercevoir lui-même, il eût été piqué de sa défaite, soit qu'il crût plus utile de réfuter les assertions de ses adversaires sur un objet plus important, revint à la charge contre eux sur la chronologie, et se fit battre encore ; mais cette discussion nous a valu deux ouvrages qui sont devenus classiques sur cette matière. Ses Mémoires, imprimés dans le trente-

1. Biographie universelle, art. *Guignes*.

sixième, le quarante-deuxième et le quarante-troisième volume de ceux de l'ancienne Académie des Inscriptions et Belles-Lettres, ont été réfutés sans réplique dans l'Histoire générale de la Chine, en treize volumes *in-quarto*, et dans les Mémoires des missionaires, en quinze volumes aussi *in-quarto*, ouvrages qui sont véritablement nécessaires à tous ceux qui veulent connaître la Chine. On ne doit pas dissimuler, cependant, que l'ouvrage publié par Des Hautes-Rayes, sous le nom du père de Mailla, n'est pas la traduction du *Tong-kien-kang-mou*, comme le titre semble l'annoncer; c'est un résumé fait par le père de Mailla, non seulement de cet ouvrage, mais de plusieurs autres qu'il cite exactement. Ce travail paraît fait avec soin, mais il n'a peut-être pas pour nous la même authenticité que la traduction pure et simple d'un ouvrage chinois. Cependant le père de Mailla, ainsi que me l'a observé avec raison notre savant confrère, M. Stanislas

Julien, dit [1] lui-même que son histoire générale de la Chine n'est, à proprement parler, que la traduction du *Tong-kien-kang-mou*, mais une traduction dans laquelle il n'a pas cru devoir s'assujétir à ses auteurs d'une manière servile, en sorte qu'elle n'est nullement littérale. L'abbé Grosier trompe ses lecteurs en fesant croire le contraire par l'énoncé de son titre; il change très souvent le stile du père de Mailla, qui cite très exactement en marge les auteurs avec le secours desquels il a composé son histoire. Le *Tong-Kien-Kang-mou* est le plus souvent cité. Le nombre des auteurs est très considérable, et il est fâcheux que l'abbé Grosier n'ait pas imprimé l'ouvrage tel qu'il est à la Bibliothèque du Roi, au lieu de mettre en tête : Histoire générale traduite du *Tong-kien-kang-mou;* mais l'ouvrage, tel qu'il est imprimé,

1. P. XLVIII de sa préface dans le tome I de l'Histoire générale.

n'en donne pas moins une histoire générale de la Chine très exacte et plus détaillée que celle du père Du Halde.

Il n'était pas encore imprimé ni connu de M. de Guignes le père, lorsque cet académicien, vers l'an 1766, composa le premier Mémoire [1] où il combat les argumens fournis par l'Histoire du père Du Halde, qui donnait de grands détails, mais pas assez pour le mettre à l'abri d'une critique sévère et minutieuse.

Quatre ans après, M. de Guignes publia la traduction française du *Chou-king*, faite par le père Gaubil, d'un ouvrage rédigé par Confucius [2], qu'il fit précéder d'une préface dont le but était de prouver la fausseté des antiquités chinoises. Il y joignit un discours écrit dans le même sens, par le père de Prémare, mort vers 1734

1. Mémoires de l'Académie des Inscriptions, t. XXXVI p. 164.

2. Paris. 1770, in-4°.

ou 1735 [1]. Le père de Mailla, qui avait triomphé de l'incrédulité de Fréret, était mort avant cet académicien, à Pékin, le 28 juin 1748 [2]. Il semblait donc que l'ancienne histoire de la Chine, ayant perdu son défenseur, allait aussi perdre sa cause ; mais il n'en fut pas ainsi. Le père Amiot, né à Toulon, en 1718, envoyé en mission à la Chine par les Jésuites, était arrivé à Macao en 1750; sa réputation s'était étendue jusqu'à la capitale, et avait engagé l'empereur tartare Kien-long à l'appeler à sa Cour. Amiot eut bientôt gagné l'estime et la confiance de ce monarque; et, malgré les travaux pénibles et multipliés de sa mission, il avait appris en peu de tems la langue chinoise et celle des Tartares que parlait l'empereur [3]. Ce fut lui qui releva

1. Biographie universelle, par Michaud. Paris, 1823, XXXVI, 44, art. *Prémare.*

2. Biographie universelle, par Feller. Paris, 1834. VIII, 45.

3. *Idem*, art. *Amiot.*

le gant jeté par de Guignes à qui il répondit en ces termes [1] :

CHAPITRE DIX-HUITIEME.

Réponse du père Amiot à M. de Guignes.

« La troisième dinastie [2] est celle sur« tout à qui en veut M. de Guignes ; son « dessein perce, malgré le soin qu'il prend « de le cacher. Il voudrait bien pouvoir « découvrir dans *Ou-ouang* un conqué« rant étranger, et reconnaître, dans les

1. Mémoires concernant les Chinois, par les Missionnaires de Pé-kin. Paris, 1777, t. II, p. 137-141.

2. Celle des *Tcheou*, commencée l'an 1110 avant notre ère sous *Ou-ouang*, dont le nom s'écrit aussi *Ou-vang*. De Guignes, dans son Histoire d s Huns, I, 15, écrit *Vou-vam*, et fait commencer sa dinastie l'an 1116. Mais il corrige cette date dans son édition du Chou-king, p. 152.

« officiers qui l'aidèrent à se mettre en pos-« session de l'empire, quelques capitaines « égiptiens; c'est en partie pour cette rai-« son qu'il s'exprime ainsi :

« Un grand nombre de généraux qui ac-« compagnaient le nouvel empereur (*Ou-« ouang*) partagèrent entr'eux toutes les « provinces dont ils devinrent comme au-« tant de petits souverains.

« C'est ainsi qu'en agirent les capitaines « d'Alexandre après sa mort : ils se parta-« gèrent ses dépouilles, et plusieurs d'entre « eux se firent rois; mais les capitaines qui « avaient combattu sous *Ou-ouang* se « trouvèrent dans une situation toute dif-« férente : les uns étaient déjà princes, vas-« saux de l'empire, et ceux-là retournèrent « chacun dans ses propres états, comme le « firent les rois grecs ligués contre Troie, « après la destruction de cette fameuse « ville; les autres, parens ou sujets du con-« quérant chinois, attendirent leurs récom-« penses de sa libéralité. J'invite M. de Gui-

« gnes à lire le chapitre *Ou-tching* du *Chou-*
« *king*, qu'il a publié lui-même; je l'in-
« vite aussi à relire *Ssé-ma-tsien*, sur
« ce qui regarde l'origine des différens
« royaumes, la succession des rois qui les
« gouvernèrent, et tous les détails néces-
« saires, quand leurs histoires particulières
« ont quelque rapport avec l'histoire géné-
« rale de l'empire, dans laquelle elles n'en-
« trent qu'indirectement. En l'invitant à
« relire *Ssé-ma-tsien*, je dois lui rappeler
« qu'eu égard à la méthode de cet auteur,
« il faut lire presque tout son ouvrage pour
« savoir tout ce qu'il dit sur un seul sujet
« particulier; par exemple pour se mettre
« entièrement au fait des royaumes entre
« lesquels la Chine était partagée, ou sim-
« plement d'un seul de ces royaumes, il
« faut lire :

« 1° Les douze *Pen-ki* ou histoires par-
« ticulières des empereurs, afin de savoir
« ce que chacun de ces empereurs a fait en
« faveur ou au détriment de ce royaume;

« 2° Les dix *Nien-piao*, pour savoir les « dates ou la chronologie;

« 3° Les trente *Ché-kia*, pour être in- « struit de l'histoire ou de la généalogie des « rois qui le gouvernaient, etc.

« Qu'on lise seulement ou les *Pen-Ki*, « ou les *Nien-piao*, ou les *Ché-kia*, on « ne trouvera que de la sécheresse, des la- « cunes et une disette rebutante; mais si « l'on a la patience d'extraire de ces diffé- « rentes parties tout ce qui a rapport au « royaume dont on veut s'instruire, on se « trouvera muni d'assez de matériaux pour « en pouvoir faire une petite histoire sa- « tisfesante et qui ne sera pas entièrement « dénuée de détails. »

Ce que je viens de rapporter, d'après le père Amiot, suffit pour comprendre combien ce missionaire, non moins habile que le père Parrenin et le père de Mailla, était maître de son sujet. Ce nouvel adversaire n'était pas moins capable de combattre M. de Guignes, que son prédécesseur ne l'avait été de convaincre Fréret; mais ayant à persuader un écrivain qui, même après le père du Halde, avait osé donner une nouvelle histoire de la Chine sur de mauvais matériaux, il était obligé d'entrer dans de plus longs détails. *Ssé-ma-tsien*, dont il parle, est le plus célèbre des historiens chinois. L'an 213 avant notre ère, l'empereur *Tsin-chi-hoang-ti* ayant le projet de changer entièrement la forme du gouvernement chinois et de se rendre absolu dans l'empire, crut que, pour abolir les lois et les anciens usages, il fallait détruire les monumens historiques qui les renfermaient, d'autant plus que les lettrés ne cessaient de blâmer sa conduite, en lui citant ces anciens monumens; il ordonna donc que l'on brûlât le *Chou-king*, le *Chi-king* et plusieurs autres traités d'histoire et de morale, contraires au gouvernement présent: il ne conserva que les livres des sciences et l'histoire de sa famille. Ses ordres furent exécutés avec une cruauté digne de celui qui les donnait. On brûla, avec leurs livres, quatre à cinq cens lettrés qui s'étaient réfugiés dans les montagnes pour sauver ces anciens monumens. Mais trente-sept ans après cette persécution, 176 ans avant notre ère, l'empereur *Hiao-ouen-ti* fit rechercher les livres qui avaient pu échapper à l'incendie. On découvrit principalement le *Chou-king* [1], dont M. Stanislas Julien vient de terminer une traduction fidèle bien différente de celle du père Gaubil, qui n'est presque d'aucun secours pour l'intelligence littérale du texte.

L'empereur *Hiao-ouen-ti* était de la dinastie des Han. Son successeur *Han-ou-ti*, voulant achever la restauration des lettres, commencée sous le règne de son prédécesseur, appela auprès de sa personne les plus habiles lettrés, avec promesse de leur donner de l'emploi et d'avoir soin de leur fa-

1. Le Chou-king, traduit par le P. Gaubil, revu par M. de Guignes. Paris, 1770, préface de M. de Guignes, p. 17.

mille. *Sséma-than* fut le premier historiographe. Il descendait d'une famille qui avait fourni des historiographes à la dinastie des *Tcheou*, et cette charge lui fut ainsi rendue le second siècle avant notre ère; c'est lui qui en jouit le premier après la restauration. Son fils *Sséma-tsien* profita de ses leçons [1]. On vient de voir par l'extrait que le père Amiot donne de son ouvrage, composé l'an 97 avant notre ère [2], la manière dont cet ouvrage était écrit; le père Amiot en continue l'extrait de la manière suivante :

CHAPITRE DIX-NEUVIEME.

Suite de la réponse du père Amiot à M. de Guignes.

« Au reste, parmi les royaumes dont il « est ici question, il en est plusieurs qui

1. Biographie universelle, art. *Sséma-than* et *Sséma-thsian*, par M. Abel Rémusat.

2. Préface du Chou-king, par M. de Guignes, p. 17.

« remontent bien au-dessus du fondateur « de la dinastie des *Tcheou*, et plusieurs « qui n'ont été érigés que bien long-tems « après. Il y en a qui n'ont pas duré long-« tems et qui ont été éteints par des rai-« sons dont on trouve le détail dans l'his-« toire; il en est d'autres qui ont passé à « d'autres familles, d'autres qui ont été « subjugués ou envahis par leurs voisins, « d'autres qui se sont rendus indépendans « et qui n'ont plus voulu, après quelque « tems, reconnaître le *Ti* ou l'empereur « pour leur maître. Tout se trouve dans « l'histoire, et s'y trouve avec ses dates et « revêtu de ses principales circonstances. « L'histoire se taît sur les différens royaumes, « quand ils ne sont plus regardés comme « fesant portion de l'empire, soit qu'ils « aient été détruits ou qu'ils se soient sous-« traits d'eux-mêmes à l'autorité légitime « pour se soumettre à une puissance étran-« gère. Elle abandonne alors ces royaumes « et n'en parle que comme elle fait des au-

« tres peuples voisins, c'est-à-dire que « lorsqu'ils ont eu quelque chose à démê- « ler, ou quelque affaire importante à trai- « ter avec la Chine. Voilà la véritable « raison, ou, si l'on veut, l'une des raisons « du silence que garde quelquefois l'histoire « sur la succession au gouvernement de « quelques-uns de ces royaumes. On pour- « rait cependant trouver de quoi remplir « ces petits vides, en lisant attentivement « toute l'histoire, parce que ce qui manque « dans un endroit est souvent placé dans « un autre, à mesure que l'occasion d'en « parler s'en présente. J'avoue, » dit tou- jours le père Amiot, « que l'histoire chi- « noise n'est pas aisée à débrouiller, quand « on veut la savoir à fond et radicalement, « si je puis m'exprimer ainsi. C'est, pour « un Chinois même, une étude de toute la « vie; que doit-il en être pour des étran- « gers qui ne font que balbutier la langue « chinoise, qui ne peuvent en déchiffrer « les caractères qu'en tâtonnant, qui ne

« sont instruits qu'à demi, et quelquefois « point du tout, des allégories, des allu- « sions, des différentes manières de s'ex- « primer, des usages, des mœurs, de la « littérature, des préjugés? car il faut être « instruit des préjugés mêmes d'une nation « pour comprendre ce qu'elle veut dire et « ce qu'elle dit dans bien des occasions. « Je ne saurais m'empêcher de reprocher « ici à M. de Guignes de n'avoir pas fait « ces réflexions avant de faire usage des « écrits du père de Prémare sur les pre- « miers siècles de l'histoire chinoise. Il est « vrai que M. de Guignes insinue que le « père de Prémare n'a travaillé que dans « la vue de faire valoir un sistème singulier « auquel il rapportait tout; mais cela ne « suffisait pas, il fallait qu'en mettant à la « tête d'un livre aussi grave que le *Chou-* « *king*, les recherches de ce père sur les « tems antérieurs au Chou-king, il eût dit « que ces recherches n'étaient nullement « sincères; qu'elles n'avaient été faites,

« pour la plupart, que dans des auteurs ou « obscurs, ou suspects, ou méprisés de la « nation, il fallait ajouter que le père de « Prémare, quoique bon grammairien et « sachant la langue des Chinois aussi bien « qu'un Européen puisse la savoir, avait « méconnu la mesure de ses forces [1], quand « il a voulu traiter des sujets qui deman- « dent des connaissances plus que superfi- « cielles dans plus d'un genre. Le grand « nombre de citations dont les recherches « sur les tems antérieurs au *Chou-king* « sont parsemées, peuvent en imposer à un « lecteur ordinaire. Mais un Savant de la « classe de M. de Guignes doit voir d'un « coup d'œil que deux ou trois auteurs très « peu volumineux ont pu les avoir toutes « fournies; il doit voir aussi qu'on ne peut « pas plus se former une idée juste de la

1. Le texte dit : Avait oublié le *quid valeant humeri, quid ferre recusent* d'Horace. On trouve en effet ce passage dans l'*Ars poetica*, vers 39 et 40 ; mais j'ai cru devoir supprimer cette citation un peu pédantesque.

« première partie de l'histoire chinoise « d'après l'exposé du père de Prémare, « qu'on ne peut se mettre au fait de ce que « valent les pièces dramatiques de nos « grands auteurs, d'après les parodies in« décentes que l'on en fait quelquefois. « Cet exposé, condamné aux ténèbres, « malgré l'auteur, par les personnes qui, « tant à Paris qu'à Pékin, lui étaient le plus « sincèrement dévouées, ne méritait pas « qu'on lui fît voir le grand jour. »

Le Mémoire dont je viens de rapporter ce long fragment, et qui est daté de *Pékin* le 15 décembre 1775, me paraît décisif, et je ne puis comprendre comment un journal très estimable[1] a pu reproduire les rêveries du père de Prémare, et vouloir s'en faire un titre pour combattre les antiquités de la Chine.

1. Annales de philosophie chrétienne, numéro 85, 31 juillet 1837; et numéro 86, 31 août 1837, p. 134.

CHAPITRE VINGTIÈME.

Défectuosité des ouvrages employés par M. de Guignes.

Les observations que l'on vient de lire paraissent bien suffisantes pour détruire celles qu'avait faites M. de Guignes le père. Je placerai cependant encore ici les conclusions du père Amiot, précédées par une réponse à ce savant mais téméraire académicien, qui, de Paris, croyait pouvoir détruire une histoire de la Chine, composée par toutes les Académies de ce vaste empire dont la population surpasse celle de l'Europe entière.

« Il me reste à dire un mot, » conclut donc le père Amiot, « des différentes tables « que M. de Guignes met en parallèle pour « faire voir le peu d'accord des chronolo- « gistes chinois entr'eux. Il n'en met que « quatre, il aurait pu en mettre quarante

« ou même quatre cens, s'il s'était donné « la peine d'extraire toutes celles que les « différens auteurs qui n'ont écrit que sur « quelque partie de l'histoire, ont quelque- « fois insérées au commencement de leurs « ouvrages, pour donner une idée telle « quelle des tems antérieurs à ceux dont « ils auraient à parler *ex-professo*. Quand « on veut comparer entr'eux des auteurs qui « sont de différens sentimens, il faut les « choisir de manière que l'autorité des uns « et celle des autres soient d'un poids à « peu près égal. Comparer les tables chro- « nologiques du *Tsou-chou*, de *Ma- « touan-lin* et quelques autres semblables, « avec celles du *Kang-mou*, qui ont été « faites d'abord par des auteurs graves et « du premier ordre, revues ensuite, corri- « gées et confrontées avec les *King*, les « livres classiques et tous les monumens « qui ont quelque authenticité, par les au- « teurs les plus distingués de tous les siècles « jusqu'à celui où nous vivons, c'est com-

« parer l'or avec le plomb, c'est comme si « l'on mettait en parallèle les almanachs « de quelques-unes de nos provinces éloi- « gnées de la Cour, avec les éphémérides « publiées par l'Académie des Sciences. En- « trons dans un court détail.

« Le *Tsou-chou* n'est connu en Europe « que par l'artifice de quelques missio- « naires, tels que le père de Prémare, qui, « intéressés à discréditer les commence- « mens de l'histoire et de la chronologie des « Chinois, pour établir leurs propres sis- « tèmes, ont fait tous leurs efforts pour le « faire valoir, ou, tout au moins, pour le « faire figurer parmi les monumens litté- « raires. C'est un livre dont on fait ici très « peu de cas, et qui n'est lu que par un « petit nombre de Savans, même qui ne le « lisent que pour s'assurer du peu qu'il « vaut, et afin de pouvoir dire, en le rayant « du catalogue des bons livres : Nous l'a- « vons lu.

« Cet ouvrage informe n'eût jamais paru

« dans l'empire littéraire, si le grand « prince, sous le règne duquel il fut trouvé « dans les décombres d'un tombeau, ne se « fût intéressé à son sort, et ne l'eût mis, « pour ainsi dire, sous sa sauve-garde. Ce « grand prince est *Ou-ti* [1], premier em- « pereur des Tçin occidentaux, qui monta « sur le trône l'an de Jésus-Christ 265. Il « ordonna aux gens de lettres de tirer parti « comme ils pourraient de cet amas de « planchettes chargées de caractères qu'on « venait de découvrir.

« Les gens de lettres, dans l'espérance « de trouver quelque chose d'utile, obéirent « avec joie aux ordres du souverain; ils « s'appliquèrent, avec toute l'ardeur dont « ils étaient capables, à déchiffrer ces ca- « ractères dont les uns étaient à demi effa- « cés, les autres tronqués, et tous en fort « mauvais état. Ils étaient écrits en *Ko-*

1. C'est *Tçin-ou-ti*, premier empereur de la dinastie des *Tçin*, l'an 265 de notre ère.

« *teou-en*, c'est-à-dire en lettres imitant « tous les petits des grenouilles ou les tê« tards, qui est l'une des plus anciennes « manières d'écrire [1]. Mais, à leur grand « regret, il n'en résulta qu'une espèce de « chronique fautive dans la plupart des « choses qu'elle contenait, et manifeste« ment contraire, dans tous les articles es« sentiels, aux autres monumens et sur« tout aux *King*, qui sont les livres sacrés « de la nation. Il n'en fallut pas davantage « pour engager les Savans à le mettre au « rebut, et à déclarer par un jugement so« lennel que non-seulement elle ne pouvait « être d'aucun usage, mais encore qu'elle « n'était propre qu'à induire en erreur les « gens peu instruits, et tous ceux qui,

1. C'est celle qui est employée dans le monument de Yu, publié par Joseph Hager. Paris, 1802. Ce monument y est expliqué en français d'après un manuscrit du père Amiot, qui était dès lors à la Bibliothèque royale, et où les caractères avaient été peints à la Chine de la même manière que dans le manuscrit de Hager.

« dans la suite, pourraient la lire sans pré-
« caution.

« Nonobstant ce jugement, l'empereur « *Ou-ti* voulut qu'on publiât cet ouvrage, « après l'avoir un peu façonné. On lui « donna donc une forme ; on suppléa à ce « qui lui manquait, on restitua certains « caractères de la manière qu'on le jugea « à propos ; en un mot, on en fit un livre, « et on le fit paraître avec un appareil « digne de son protecteur, mais aussi avec « les avertissemens nécessaires pour le faire « connaître. C'est ce livre que l'on appelle « communément le *Tsou-chou*.

« Le *Tsou-chou* n'est pas même aujour-« d'hui tel qu'il était au sortir des mains « de ces premiers éditeurs. On y a fait des « corrections dans la suite des siècles, pour « le rendre un peu moins mauvais ; mais « ç'a été plutôt par respect pour son âge « qu'on crut remonter jusqu'au tems des « *Tcheou*, par conséquent avant l'incen-« die, que pour aucune autre raison ; on

« ne lui attribua pas pour cela une plus « grande autorité qu'auparavant. »

CHAPITRE VINGT-UNIÈME.

Argument sans réplique du père Amiot en faveur de l'histoire des Chinois.

Après avoir détruit la principale autorité sur laquelle M. de Guignes appuyait tous ses raisonnemens et ses prétendues corrections, le père Amiot combat les autres avec la même supériorité. Il continue en ces termes :

« *Ma-touan-lin*[1] et tous les autres par« ticuliers qui ont donné des Tables chro« nologiques différentes de celles qui sont

1. Né vers l'an 1245 et mort l'an 1325 de notre ère. Voyez son article dans la Biographie universelle, par Abel Rémusat, qui fait un grand éloge de cet auteur.

« adoptées par le concours unanime des « Savans de la nation, ne méritent aucune « attention de la part des Savans étrangers, « ces Savans étrangers eussent-ils à combi- « ner TOUTES LES CHRONOLOGIES QUI ONT « COURS DANS LE RESTE DE L'UNIVERS. J'en « vais dire les raisons :

« La première est que les Savans étran- « gers, quelqu'habiles qu'ils soient d'ail- « leurs, ne sont pas en état d'examiner par « eux-mêmes les raisons de part et d'autre; « ils ne peuvent par conséquent ni les ap- « précier ni les peser à la balance de leur « critique.

« La seconde est que la présomption est « toujours pour le plus grand nombre, « quand il est certain que le grand nombre « est composé de gens éclairés, qui n'ont « aucun intérêt visible pour adopter un « sentiment plutôt qu'un autre; j'ajoute « que cette présomption devient plus forte « et se change en une espèce de certitude « morale, quand ce grand nombre est réuni

« en corps; quand ces corps forment des « Académies savantes dans les différens « genres de littérature, des Académies « avouées, approuvées, autorisées; des « Académies où l'on n'admet que des Sa- « vans distingués, que des Savans qui se « sont déjà fait connaitre par des ouvrages « estimés et qui ont passé par le creuset « des examinateurs sévères auxquels le soin « de les adopter ou de les rejeter avait été « confié; des Savans, en un mot, qui n'ont « eu l'approbation du souverain qu'en « conséquence du rapport fidèle qu'on lui « a fait de leur capacité.

« Supposons, pour un moment, que le « Monarque qui règne aujourd'hui avec « tant de gloire sur la nation la plus polie « et la plus savante de l'Europe...» Le père Amiot parle ici de Louis XVI, qui étant monté sur le trône à moins de vingt ans, le 10 mai 1774, avait rétabli son ancien parlement le 12 novembre suivant, et avait acquis beaucoup de gloire et de popularité par cet acte de justice malheureusement pour lui fort imprudent. Le père Amiot continue, en disant : « Je suppose « que ce prince, en montant sur le trône, « eût regardé comme un point capital de « faire composer une histoire de France, ou « simplement de faire perfectionner la meil- « leure de celles que nous avons déjà, et « qu'en conséquence il eût ordonné à la « Sorbonne d'examiner, de discuter tout « ce qui a rapport au culte religieux; « à l'Académie des Inscriptions de faire une « exacte recherche de tous les monumens, « de confronter entr'eux les vieux manu- « scrits, etc. ; à l'Académie des Sciences, « de revoir, avec l'attention la plus scrupu- « leuse, tout ce qui concerne les sciences « et les arts; et, enfin, à l'Académie fran- « çaise, de choisir ses meilleurs écrivains « pour rédiger le tout et lui donner la « forme la plus analogue au goût de la « nation. Cette histoire, ainsi corrigée, « ainsi augmentée, ainsi perfectionnée, a

« été publiée par les quatre Académies que « je viens de nommer; elle a été publiée « sous les auspices du souverain; elle a « été reçue avec l'applaudissement univer- « sel de la nation, qui fait ses délices de « la lire.

« Par une suite des bontés dont vous « daignez m'honorer, vous m'avez envoyé « ici un exemplaire de cet excellent ou- « vrage. Peu de tems après l'avoir reçu, « quelques docteurs chinois de ma connais- « sance viennent me voir, et me deman- « dent des nouvelles de mon PRÉCIEUX « ROYAUME.

« En voici une, leur dis-je, qui est de « votre ressort; c'est une histoire de « France nouvellement mise au jour par « les soins de nos tribunaux littéraires. « Cette histoire est complète; on y voit « une table chronologique depuis Clovis « jusqu'au roi régnant; on y trouve tout « ce que l'on peut désirer sur la religion, « les lois, les mœurs, les usages, les con-

« quêtes, les sciences et les arts de nos an-
« ciens Français. Il paraît qu'elle ne laisse
« rien à dire : cependant je ne saurais vous
« dissimuler qu'elle est contraire en bien
« des articles, à ce que disent Grégoire de
« Tours, du Haillan, Mézerai, Daniel et
« plusieurs autres tant anciens que mo-
« dernes. Je veux les confronter à loisir
« pour savoir....

« Nos docteurs m'interrompirent pour
« me demander si je croyais que ceux qui
« composaient nos tribunaux littéraires
« n'avaient pas lu Grégoire de Tours, du
« Haillan et les autres ?

« Il n'y a pas à douter, leur répondis-je,
« que les Savans qui forment nos quatre
« Académies n'aient lu et relu, examiné et
« discuté tout ce qui a été écrit jusqu'à
« leur tems sur l'histoire de France ; mais,
« sauf le respect que je leur dois, je
« veux examiner par moi-même s'ils sont
« bien fondés à penser quelquefois diffé-

« remment de ce qu'ont pensé ces premiers « de nos historiens.

« A ces mots, les docteurs chinois se « regardèrent comme pour lire dans les « ieux les uns des autres s'ils devaient me « répondre. »

CHAPITRE VINGT-DEUXIÈME.

Conclusions du père Amiot sur l'antiquité des Chinois.

Le père Amiot pouvait s'en tenir là. Ce qu'il vient de dire suffisait certainement pour convaincre M. de Guignes de sa témérité. Mais il a voulu développer encore mieux son idée en continuant son récit de la manière suivante :

« Après quelques momens de silence, « un de ces docteurs, avec qui je suis plus « lié qu'avec les autres, et qui sait que la

« vérité ne m'a jamais offensé, prit enfin « la parole, et me dit :

« Ce que vous voulez faire est précisé-« ment ce que font quelquefois nos lettrés « du dernier rang, qui, n'étant qu'à demi « instruits, et n'ayant d'ailleurs ni les livres « nécessaires, ni les autres secours qu'il « leur faudrait pour s'instruire davantage, « veulent cependant s'ériger en juges des « ouvrages composés par les plus illustres « auteurs réunis en corps. Avez-vous ici, » continua-t-il, « tous les manuscrits, tous « les monumens, tous les livres qui ont « passé par les mains de vos académiciens? « Avez-vous à vos gages des lettrés qui « transcrivent, qui analisent, qui dé-« chiffrent, qui dégrossissent, qui compa-« rent, qui discutent par avance ce que « vous voulez examiner vous-même? Con-« naissez-vous toutes les sources où il « faudrait puiser? et quand vous les con-« naîtriez, avez-vous assez de tems pour « aller choisir dans chacune ce qu'il vous

« faudrait pour remplir votre petit résér-« voir? Eh! croyez-moi, puisque l'Histoire « de France qu'on vient, dites-vous, de « publier, est l'ouvrage des Savans de votre « royaume, réunis en corps, vous n'avez « rien de mieux à faire que de vous ranger « sous leurs étendards, et de vous en rap-« porter à eux. Ils n'ont pas travaillé pen-« dant plus d'un demi-siècle pour ne dire « que des faussetés, ou pour avancer des « paralogismes qui les rendraient mépri-« sables aux ieux de leurs contemporains « et de toute la postérité. »

Le père Amiot ne laissait ici rien à répliquer à M. de Guignes ; un pareil argument devait fermer la bouche à son adversaire, et l'académicien était vaincu par le missionnaire ; aussi, ce dernier croit pouvoir conclure en ces termes bien positifs :

« Je finis ; et fesant en esprit une légère « récapitulation de tout ce que j'ai dit, je « crois pouvoir conclure :

« 1° Que LES ANNALES CHINOISES SONT

« PRÉFÉRABLES AUX MONUMENS HISTORI-
« QUES DE TOUTES LES AUTRES NATIONS,
« parce qu'elles sont les plus dépouillées
« de fables, les plus suivies, les plus
« abondantes en faits, etc.

« 2° QU'ELLES MÉRITENT TOUTE NOTRE
« CONFIANCE; parce qu'elles ont des époques
« démontrées par des observations astrono-
« miques, jointes aux monumens de toutes
« les espèces dont ces Annales abondent,
« se servent réciproquement de preuves,
« s'étaient mutuellement, et concourent
« ensemble pour constater la bonne foi
« des écrivains qui les lui ont fait con-
« naître et qui les ont transmises jusqu'à
« nous, etc.

« 3° QU'ELLES SONT DIGNES DE L'ATTEN-
« TION DE TOUS LES SAVANS, PUISQU'ELLES
« PEUVENT LES AIDER A REMONTER SURE-
« MENT JUSQU'AU PREMIER SIÈCLE DU RE-
« NOUVELLEMENT DU MONDE, en leur four-
« nissant pour cela les secours nécessaires
« et les guides qui peuvent les y conduire:

« tels sont les cicles sexagénaires rangés « tout nouvellement en *tri-cicles*, dont « l'époque radicale est la deux mille six « cent trente-septième [1] année avant l'ère « chrétienne, soixante-unième année du « règne de *Hoang-ti;* les généalogies des « premiers souverains, généalogies qui « portent avec elles l'empreinte de la vé- « rité dans les petites lacunes qui s'y trou- « vent et qu'on n'a osé remplir, quoiqu'il « eût été très facile de le faire, si l'on avait « voulu y ajouter du sien ; les Tables chro- « nologiques qui marquent avec exacti- « tude la succession non interrompue de

1. L'an 2638, en ne comptant point d'année o avant notre ère, comme le fait le père de Mailla. On observera que les jésuites avaient diminué nouvellement la table des cicles, qu'ils ne commencent que soixante ans plus tard. M. de Guignes qui, dans son Histoire des Huns, t. I, p. XLIX de sa préface, donne la table ancienne, remonte à l'an 2697 avant notre ère, ou plutôt 2698, la première du règne d Hoang-ti; on voit ainsi, par le témoignage de M. de Guignes lui-même, que les jésuites ont diminué plutôt qu'augmenté l'antiquité de la Chine.

« tous les empereurs qui ont régné plus de « quatre mille ans, etc.

« 4° Enfin que CES ANNALES SONT EN « ELLES-MÊMES L'OUVRAGE DE LA LITTÉRA-« TURE LA PLUS AUTHENTIQUE QUI SOIT « DANS L'UNIVERS, parce qu'il n'y en a « point dans tout l'univers qui ait été « travaillé pendant l'espace de près de « dix-huit siècles, qui ait été revu, cor-« rigé, augmenté à mesure qu'on fesait « de nouvelles découvertes, par un si « grand nombre de Savans réunis, au-« torisés, pourvus de tous les secours « possibles, etc., etc.

« J'ajoute, pour dernière conclusion, « que ceux qui ont combattu les Annales « chinoises, l'ont fait, les uns avec les « armes de la chicane, les autres sans con-« naissance de cause et sur de faux exposés, « un petit nombre, pour pouvoir établir « des sistèmes sur leurs débris, et la foule, « par le seul plaisir de contredire, en dé-« primant, autant qu'il était en eux, une

« nation qu'ils croyaient que d'autres ont « trop louée, etc [1]. »

Rien n'est assurément plus formel que cette décision parfaitement bien motivée par le père Amiot. Elle n'a point été contestée dans la suite par quelqu'un qui fût en état de la discuter. Il est clair qu'on ne peut l'attaquer qu'après avoir acquis des connaissances égales à celles de ce missionnaire et de ses confrères qui ont adopté son opinion : c'est ce qui nous serait bien difficile en Europe.

Aussi le second Mémoire que M. de Guignes lut à l'Académie des Inscriptions le 16 janvier 1778 [2], lorsqu'il n'avait paru qu'un volume de la grande histoire traduite ou plutôt rédigée par le père de Mailla [3], et deux volumes des Mémoires des

1. Mémoires concernant les Chinois. Paris, 1777, t. II, p. 141-147.

2. Mémoires de l'Académie des Inscriptions, t. XLII, p. 93 des Mémoires.

3. Paris. 1777, in-4°.

missionaires. Il n'en avait pas fallu davantage pour forcer cet écrivain savant, mais prévenu, à convenir que l'on ne pouvait se dispenser de faire remonter l'empire de la Chine à l'an 1122 avant l'ère chrétienne, ce qui le rendait déjà plus ancien que ceux dont nous avons une histoire régulière.

Mais, dès l'an 1758, M. le Roux des Hautes-Rayes, professeur royal au Collége de France, c'est-à-dire vingt ans auparavant, consulté par M. Goguet sur l'authenticité des historiens chinois, y avait distingué trois époques [1] : 1° Les tems fabuleux et purement mithologiques; 2° les tems douteux et incertains; 3° les tems où l'histoire chinoise, constatée par des monumens incontestables, commence à marcher sûrement.

Les tems fabuleux et mithologiques sont

1. De l'Origine des lois, des arts et des sciences. Paris, 1758. III, 315.

ceux qui précèdent *Fo-hi*. L'auteur en donne d'assez longs détails, et prouve ainsi qu'il y trouve quelques faits qui ne sont pas indignes de l'histoire.

Les tems douteux et incertains, selon ce professeur, commencent à *Fo-hi*, sur lequel il s'étend fort au long, ainsi que sur *Chin-nong* et *Hoang-ti*.

Quant aux tems historiques, dont il dit peu de chose, il les fait commencer à *Yao* [1], et conséquemment plus de mille ans avant M. de Guignes. En effet, *Yao* monta sur le trône l'an 2357 avant notre ère. C'est de cette première année du règne de *Yao*, dit le père Amiot [2], que les chronologistes les plus exacts et tous les historiens de l'empire partent comme d'un point fixe, pour marquer avec les caractères cicliques la durée non interrompue de leur

1. Id. p. 316.

2. Mémoires concernant l'histoire des Chinois. Paris, 1788. XIII, 259.

monarchie, durée, disent-ils, qu'ils renferment par ce moyen dans les justes bornes d'une certitude contre laquelle il n'y a pas le moindre doute à former.

CHAPITRE VINGT-TROISIÈME.

Dernier Mémoire de M. de Guignes.

On voit, par ce qui précède, que M. de Guignes, dans son premier comme dans son second Mémoire, n'était d'accord ni avec les missionaires, ni avec Fréret, ni avec le professeur des Hautes-Rayes. Aussi, dans son dernier Mémoire, publié en 1779 [1], vaincu en quelque sorte par les assertions si positives du père Amiot, il change de langage. Lors de cette publication,

1. Mémoires de l'Académie des Inscriptions, t. XLIII, p. 239.

il paraît avoir eu connaissance du second volume du père de Mailla, et des quatre premiers volumes du Recueil des missionaires, contre lesquels il se met de fort mauvaise humeur, assurant qu'on veut lui ôter la liberté d'écrire sur la Chine [1], ce à quoi son ouvrage même prouve que l'on n'a nullement réussi, ni vraisemblablement pensé. Il étaie son sistème par une foule d'argumens qui ne peuvent être soutenus après la lecture des deux ouvrages que je viens de citer, et qui sont achevés aujourd'hui. Le raisonnement du père Amiot (*art.* XXI) n'en peut être ébranlé, d'autant plus qu'en 1788, neuf ans après la publication du Mémoire de M. de Guignes, parut le dernier Mémoire du père Amiot [2], composé dès l'an 1769, et où il s'exprime ainsi :

1. Id. p. 285.

2. Mémoires concernant l'histoire des Chinois Paris, 1788. XIII, 74.

« Un ouvrage très simple, mais qui ne « peut être que le fruit d'une profonde « érudition, vient de paraître [1] sous le « nom auguste du savant empereur de la « Chine[2]. C'est une Table chronologique « de tous les souverains qui, depuis *Hoang-* « *ti*, ont occupé le trône chinois, ce trône « illustre que les Tartares-Mantchoux rem- « plissent aujourd'hui si dignement. La uc- « cession de chaque empereur y est assignée « à l'année précise où elle s'est faite, et où « elle a été reconnue universellement dans « tout l'empire.....

« Pour se conformer aux intentions du

1 Préface du tome XIII. L'ouvrage dont il fait mention est intitulé *Yu-tchi-li-tai-ki-ssé-nien-piao*, Tables chronologiques et historiques, suivant l'ordre des dinasties (littéralement des générations). Cet ouvrage, en cent livres, est à la Bibliothèque royale. (Note de M. Stanislas Julien.)

2. C'était l'empereur *Kien-long*, qui a effectivement régné avec beaucoup de gloire à la Chine, depuis l'an 1735 jusqu'en 1796, qu'il a cédé volontairement le trône à son fils *Kia-king*. (Résumé de l'histoire de la Chine. Paris, 1825, p. 358.)

« grand prince dont le zèle éclairé enrichit « de jour en jour la littérature chinoise, « et, pour ne pas exposer mal à propos « son nom et sa réputation à la dérision « ou aux critiques bien fondées des Savans « à venir, les Savans d'aujourd'hui, je « veux dire ceux sur lesquels on s'est dé- « chargé du soin de ces recherches, ceux « qui les ont approfondies et discutées, les « censeurs des deux nations (tartare et « chinoise), qui en ont autorisé les résul- « tats n'ont rien admis dont on ne pût « conclure la certitude par le calcul. Ils « ont fixé, d'un commun accord, les points « les plus litigieux de leur histoire; ils ont « relégué dans la classe des problèmes qui « restent à résoudre, tout ce qui concerne « l'histoire de *Fo-hi* et des princes in- « termédiaires qu'on fait régner jusqu'à « *Hoang-ti*, ils n'ont pas même daigné « s'occuper de ce qui précède les tems de « celui qu'ils regardent comme leur véri- « table législateur. Pour empêcher, je ne

« dis pas la saine critique, mais la vétil-
« leuse chicane, de vouloir renouveler des
« discussions qui deviendraient peut-être
« interminables, ils ont livré les soixante
« premières années du règne de *Hoang-ti*
« lui-même, pour servir d'aliment à l'in-
« quiétude et aux disputes des lettrés su-
« balternes; mais ils ont déterminé sans
« détours que la chaîne des cicles pouvant
« s'étendre sans interruption jusqu'à la
« soixante et unième année de l'empire de
« *Hoang-ti*, c'était cette même année qu'il
« fallait fixer pour première époque de la
« chronologie. Ainsi, depuis l'année cou-
« rante (1769), qui est la trente-quatrième
« du règne de *Kien-long* jusqu'à la 2637e
« avant l'ère chrétienne, qui répond exac-
« tement à la soixante et unième du règne
« de *Hoang-ti*, on peut, sans crainte de
« s'égarer, suivre un des plus beaux sen-
« tiers de l'histoire, pendant l'espace de
« 4406 ans.

« Si jamais nation a mérité créance sur

« le jugement qu'elle porte de ses propres « fastes, c'est, sans contredit, la nation « chinoise, quand elle s'est expliquée par « l'organe de ses Savans, mais plus parti- « culièrement encore quand, aux Savans « chinois, se sont joints d'autres Savans « d'une nation différente, sous l'autorité « d'un prince savant lui-même, et qui « n'est pas Chinois. Quel intérêt commun « pouvait le porter à n'être pas de bonne « foi ? par quel motif cette nation, qui fait « assez peu de cas de toutes les autres pour « dédaigner d'en être connue, et à qui son « propre suffrage tient lieu de celui de tout « l'univers, voudrait-elle altérer la vérité, « en s'arrogeant une antiquité qu'elle n'au- « rait pas, ou en retranchant de son anti- « quité réelle des années qu'on ne saurait « lui disputer ? Par quel motif un prince « tartare, aussi jaloux de sa réputation « littéraire que de la gloire de ses armes, « par quel motif les Tartares, ses sujets les « plus affidés, non moins jaloux de tout

« ce qui peut illustrer leur maître, leur « nation et leurs noms, auraient-ils pu « condescendre à des falsifications qui ne « les intéressaient en rien, et dont il ne « pouvait leur revenir que la honte de les « avoir permises? Si l'on voulait révoquer « en doute ce que les uns et les autres nous « donnent pour certain, après de mûres dé- « libérations et les discussions les plus « exactes, il ne serait pas aisé de trouver « des raisons plausibles pour pouvoir le « faire avec quelque espèce d'équité. »

Il était impossible de mieux plaider sa cause que le père Amiot; il n'y avait rien à répliquer à de pareils argumens. M. de Guignes le père, battu par le père Amiot, comme Fréret l'avait été par le père de Mailla, garda le silence sur cette matière jusqu'à sa mort arrivée en 1800. Il avait des vertus et des connaissances si généralement avouées, qu'il était regardé, dit-on [1],

1. Biographie universelle de Michaud, tome XIX, art. *Guignes*, p. 103.

comme l'oracle de l'Académie. Il n'aurait donc pas gardé le silence sur l'antiquité de la Chine pendant vingt et un ans, s'il avait cru pouvoir combattre le père Amiot mort dès l'an 1784.

M. de Guignes le fils a voulu reprendre les premiers argumens de son père, qui les avait sagement abandonnés [1]. Je crois l'avoir réfuté d'une manière satisfesante, au moment où son ouvrage parut. M. l'abbé Grosier, éditeur du père de Mailla, s'est joint à moi pour soutenir l'authenticité de l'histoire qu'il avait publiée. M. de Guignes le fils m'a écrit sur ce sujet une lettre que j'ai fait imprimer ainsi que ma réponse. Il avait promis de répliquer par un Mémoire qui ne m'a point été envoyé; j'ai lieu de croire qu'il a jugé convenable avec raison d'imiter le silence auquel son père s'était prudemment résigné lorsqu'il a vu sa cause perdue par le témoignage de

1. Mémoires pour servir à l'histoire ancienne. Paris, 1809. X, p. 27 et suivantes.

ceux qui avaient le plus d'intérêt à la soutenir. En effet, le père Amiot était Jésuite comme le père de Mailla, et le procès, fait aux Jésuites, à Rome, sur la chronologie chinoise, ne laissait pas que d'être embarrassant pour eux. La vérité seule, et une vérité palpable, pouvait leur faire adopter une opinion contraire. Ils ne l'avaient embrassée que parce qu'elle leur avait paru clairement démontrée, et cette persistance fait honneur à leur bonne foi comme à leurs lumières.

CHAPITRE VINGT-QUATRIÈME.

Chronologie chinoise selon l'Art de vérifier les dates.

Un témoignage si formel, rendu par les Missionaires à l'authenticité de l'histoire de la Chine, ne permit pas aux Bénédictins, dans leur Art de vérifier les dates, de rejeter l'histoire de Fo-hi, qui régnait l'an 3461 avant notre ère, suivant le père Amiot (*art.* XVI), ni celle de *Chin-nong* qu'ils lui font succéder immédiatement, ce qui n'est rien moins que prouvé; voici comment ils parlent de cet empereur [1]:

« 2838 avant l'ère chrétienne. Chin-
« nong, que Fo-hi, en considération de ses
« talens et de son application au travail,
« avait placé, quoique fort jeune, dans
« son Conseil, fut élu pour lui succéder à
« l'empire. Ce fut lui qui apprit aux Chi-
« nois à labourer la terre, à y semer du blé,
« à moudre ce blé et à le convertir en pain.
« La charrue qu'il inventa est la même,
« dit-on, dont on se sert encore de nos
« jours. *Sou-cha*, qu'il avait nommé gou-
« verneur de l'un des meilleurs pays de ses
« états, osa s'élever contre lui, et se pré-

1. L'Art de vérifier les dates avant l'ère chrétienne. Paris, 1820, p. 375 de l'édition in-folio.

« tendre indépendant de sa juridiction.
« *Ki-ouen*, homme sage, que *Chin-nong*
« lui avait donné pour conseil, s'efforça
« enfin de lui faire sentir l'injustice et la
« témérité de sa conduite. Loin de déférer
« à ses représentations, il le fit mettre à
« mort. Ses peuples, irrités de cette atro-
« cité, forcèrent sa maison et le mirent en
« pièces; après quoi ils vinrent trouver
« *Chin-nong* pour lui renouveler les assu-
« rances de leur soumission. Cependant ce
« prince, soit par excès de confiance en la
« fidélité de ses peuples, soit par l'effet
« du déclin de l'âge, se relâchait de son
« zèle pour leurs intérêts. *Tchi-yeou*,
« esprit turbulent et d'une force extraor-
« dinaire, s'étant soulevé contre lui, osa
« lui déclarer la guerre. Heureusement
« *Chin-nong* avait donné le gouvernement
« de *Yu-hiong* à *Souan-yuen*, dont les
« éminentes qualités s'étaient annoncées
« presque dès sa naissance. Après l'avoir
« inutilement sollicité de rentrer dans le

« devoir, l'empereur envoya contre lui un « corps de troupes avec ordre de le prendre « et de le lui amener vif; mais il fit tête à « ces troupes dans une bataille, et les obli« gea de prendre la fuite. *Souan-yuen*, « indigné de cette défaite, revint à la « charge; et ayant attaqué brusquement « *Tchi-yeou* sans lui donner le tems de « se reconnaître, il le contraignit, après « un combat assez rude, de s'évader à la « faveur d'un épais brouillard, dans la « crainte de tomber entre les mains de « *Souan-yuen*. La retraite de ce rebelle « désarma ses gens, qui se rendirent à la « discrétion du vainqueur. Les gouver« neurs des autres districts, frappés du « succès des armes de *Souan-yuen*, s'em« pressèrent de rechercher son amitié, et « lui marquèrent toute sorte de déférence. « Cependant la conduite relâchée de *Chin-« nong* laissait flotter entre ses mains les « rênes du gouvernement; les peuples « n'étant plus retenus par le frein de l'auto-

« rité, vivaient à leur fantaisie et ne se « conformaient plus aux lois. Les Grands, « voyant que l'âge avancé de *Chin-nong* « rendait le mal sans remède, conseillèrent « à *Souan-yuen* d'engager l'empereur à « se démettre, par une abdication volon- « taire, d'une autorité dont il ne pouvait « plus soutenir le poids. *Chin-nong*, loin « de se rendre à ses remontrances plusieurs « fois réitérées, leva une armée pour dé- « fendre sa couronne qu'il était menacé de « perdre. Les gouverneurs, ayant *Souan-* « *yuen* à leur tête, soutinrent pendant deux « jours consécutifs avec acharnement, mais « avec peu de succès, les attaques qu'il « leur livra. Le combat qu'ils recommen- « cèrent le troisième jour changea la face « des affaires : les troupes impériales furent « battues, et le chagrin que causa ce re- « vers à *Chin-nong* fut si grand, qu'il l'em- « porta en fort peu de jours, après un règne « de cent quarante ans. »

Cette longue citation d'un ouvrage où

l'histoire est très abrégée, suffit pour faire voir que l'existence de *Chin-nong* n'est pas romanesque: mais un règne de cent quarante ans se rattache évidemment à une chronologie incertaine. C'est vraisemblablement par cette raison que tous ces faits ont été supprimés dans l'histoire composée par l'ordre de l'empereur *Kien-long*. Je me hâte d'arriver au règne de *Hoang-ti*, qui appartient aux tems incontestablement historiques.

CHAPITRE VINGT-CINQUIÈME.

Règne de *Hoang-ti*.

Je parlerai encore ici avec l'Art de vérifier les dates, afin de ne pas fatiguer le lecteur par de trop longs récits.

« 2698 avant notre ère, *Hoang-ti* fut « le nom sous lequel les gouverneurs sou-

« levés contre *Chin-nong* proclamèrent « *Siouan-yuen* empereur, après la mort « de *Chin-nong*. *Tchi-yeou* et ses parti- « sans refusant de le reconnaître, il marcha « promtement contre lui, et, l'ayant fait « prisonnier, il lui fit trancher la tête à la « vue des deux armées, ce qui rétablit la « paix dans l'empire. Pour transmettre à « la postérité le souvenir des événemens « et des réglemens qui concernaient sa « nation, il établit un tribunal d'historiens « qu'il partagea en deux classes, l'une « destinée à recueillir les faits, l'autre à « mettre par écrit les paroles et les discours « mémorables. L'écriture consistait alors « en cinq cent quarante caractères; elle « a été portée depuis à quatre-vingt mille,» selon le père Amiot; mais cette assertion est contestée par notre savant confrère, M. Stanislas Julien, qui observe que le dictionaire impérial ne contient guère plus de quarante mille mots. Je continue avec l'Art de vérifier les dates :

« Jusqu'alors on n'avait sacrifié au *Chang-ti* ou à l'Être suprême, qu'en plein air sur « des tertres. *Hoang-ti* ayant inventé l'art de « faire des briques et de tailler des bois de « charpente, lui fit élever un temple, où il « lui offrit un sacrifice avec un appareil in- « connu jusqu'alors. S'étant fait bâtir en- « suite une espèce de palais pour lui-même, « il excita ainsi ses peuples à quitter les « trous et les cavernes qu'ils habitaient, « pour se construire, avec des branches « d'arbre et de la terre glaise, des habita- « tions moins incommodes.

« *Hoang-ti* donna ensuite son attention « au calendrier qui était fort défectueux, « et, à l'aide des observations que plusieurs « de ses sujets firent avec lui du mouvement « des astres, il parvint à reconnaître que « l'année lunaire était moindre de onze « jours [1] que l'année solaire; et que, pour

1. D'un peu moins de onze jours. Voyez la Vie du brave Crillon. Paris, 1826. III, 259.

« accorder l'une avec l'autre, il fallait in-
« tercaler dans la première sept lunaisons
« dans le cours de dix-neuf ans : il inventa
« aussi des voitures roulantes qu'il fesait
« tirer par des bœufs, des buffles et des
« chevaux.

« Tandis que *Hoang-ti* s'occupait de
« ces nobles travaux, *Si-ling-chi*, sa
« femme, ayant rassemblé un grand nombre
« de vers à soie, dont les mûriers étaient
« couverts, travaillait à filer leur duvet
« avec les femmes qui la servaient, et leur
« apprit à en faire des étoffes dont elles
« s'habillèrent, au lieu des habits de peau
« dont les deux sexes fesaient usage. Cette
« invention sa répandit promtement dans
« l'empire, dont les bornes étaient déjà
« fort reculées, et dont la population aug-
« mentait en raison de son étendue. »

Ces deux faits de l'éducation des vers à soie, découverts par *Si-ling-chi* et de l'art de faire des vêtemens, par l'empereur *Hoang-ti*, sont rapportés dans l'excellent ouvrage que M. Stanislas Julien vient de traduire du chinois, et qui a déjà été traduit en italien, en allemand et en russe (le vice-roi d'Égipte vient d'ordonner de le traduire en arabe). La date qu'il leur donne, d'après les grandes Annales de la Chine, est de l'an 2602 avant notre ère [1]. L'Art de vérifier les dates, qui est conséquemment d'accord avec lui, continue en ces termes :

« Autant *Hoang-ti* se fesait estimer par « ses inventions, autant se rendait-il re- « doutable par la sévérité avec laquelle il « fesait observer ses ordonnances : quel- « ques restes de rebelles qui avaient suivi « *Tchi-yeou*, s'étant avisés de lui refuser « l'obéissance, il marcha contre eux, et, « les ayant fait prendre tout vifs, il leur « fit couper la tête sur une colline, à la vue « de tout le peuple.

1. Résumé des principaux traités chinois sur la culture des mûriers et l'éducation des vers à soie. Paris, 1837, p. 67.

« Dans les différens voyages que *Hoang-*
« *ti* fesait dans l'empire, il découvrit des
« mines de cuivre dont il tira parti
« pour faire fondre des vases de diverses
« figures. Mais il n'eut pas la satisfaction
« de voir tout le succès de cet établissement.
« Étant tombé malade dans le cours de son
« dernier voyage, il mourut le dernier jour
« de la huitième lune, après un règne de
« cent ans. La Chine le regarde comme son
« premier législateur, de même qu'elle ap-
« pelle *Fo-hi* son fondateur. »

Il résulte, de cette dernière observation, que l'existence de *Fo-hi* n'est pas mise en doute plus que celle de *Hoang-ti*; seulement les faits du règne de *Fo-hi* sont moins connus, ne l'étant que par la tradition, puisque l'écriture et le calendrier n'avaient pas encore été inventés de son tems.

Les soixante premières années du règne de *Hoang-ti* appartiennent aussi aux tems incertains, non pas quant aux faits, mais quant aux dates précises ; parce qu'il n'y avait point alors de tribunal d'histoire pour les enregistrer. Les tems certains de l'histoire chinoise commencent donc seulement à la soixante-unième année du règne de *Hoang-ti*. On voit, par cette restriction, combien le père Amiot a eu raison de vanter l'exactitude des abréviateurs du *Thoung-kien-kang-mou*. Il est bon d'expliquer ici le sens de ce titre, en rectifiant, d'après M. Stanislas Julien, ce qu'en a dit M. Abel Rémusat[1].

Ce titre de *Thoung-kien-kang-mou* ne peut pas être traduit littéralement en français. *Thoung-kien* signifie exactement : « Miroir général universel. » C'est ainsi qu'on désigne l'HISTOIRE ; c'est le titre qu'adoptèrent *Ssé ma-kouang*, *San-tsou-in* et les autres écrivains qui, sous la dinastie des *Soung*, vers l'an 1000 de

1. Biographie universelle. Paris, 1820. XXVI, 236. art. *Mailla*.

notre ère [1], rédigèrent un extrait des grandes Annales, qui comprenait le tems écoulé jusqu'au commencement de cette dinastie, c'est-à-dire jusqu'en 960 de notre ère. Le *Kang* ou texte principal consiste en résumés concis qui ont été ajoutés au *Thoung-kien* par le célèbre *Tchou-hi*. Comme on a coutume d'imprimer en plus gros caractères ces sortes de résumés, on les a désignés par le mot *Kang*, littéralement la grosse corde de filet à laquelle sont attachées les petites cordes qui composent les mailles. Les citations et les commentaires historiques s'appellent *mou*, littéralement *mailles du filet* (c'est la partie accessoire).

Ce titre, au reste, n'est pas particulier à l'ouvrage de *Ssé-ma-kouang* et de *Tchou-hi* : nous avons le *Pen-tsao-kang-mou*,

1. La huitième et la dix-neuvime dinastie portent le titre de *song* ou *soung*; la huitième commença l'an 420, et la dix-neuvième l'an 960 de notre ère; c'est de cette derniere qu'il est ici question.

qui est un Traité d'histoire naturelle médicale. Dans ce titre, *kang* désigne le texte proprement dit, qui est imprimé en gros caractères; *mou* désigne les gloses et les commentaires imprimés en petits caractères.

L'ouvrage chronologique composé en 1769 par ordre de l'empereur tartare *Kien long*, et traduit par le père Amiot, remplit le même but que le *Thoung-kien-kang-mou*, mais avec encore plus d'authenticité, puisque le tribunal qui l'a écrit était mi-parti de Tartares et de Chinois, et que les missionaires jésuites l'ont regardé comme préférable aux monumens historiques de toutes les autres nations (*art.* XXII). C'est d'après lui que les auteurs de l'Art de vérifier les dates ont fait leurs extraits.

CHAPITRE VINGT-SIXIÈME.

Absurdité des critiques de l'histoire de la Chine.

Les évènemens rapportés dans l'histoire de la Chine sont d'autant plus certains, qu'ils sont liés à des observations astronomiques et à des calculs d'éclipses. L'astronomie a cet avantage, que ses époques sont incontestables, étant fixées par des calculs qui sont d'accord avec les évènemens dans les tems les plus reculés, et qui permettent d'annoncer l'avenir sans avoir été mis en défaut par des observations postérieures. Si l'on s'obstine à nier des vérités semblables, il faut que l'on prenne le parti de n'en admettre aucune. Que devient alors notre religion basée sur les anciens livres des Juifs, où l'histoire n'est point appuyée sur des fondemens aussi solides? il est sans doute fort difficile de concilier les deux chronologies ; mais rien ne nous oblige à croire que Moïse a voulu donner aux Juifs une histoire universelle (*art.* IX) qu'il n'avait aucun moyen d'apprendre, et qu'il n'était nullement nécessaire que Dieu lui inspirât ; il est bien plus simple d'admettre la conjecture de M. Astruc [1], et de croire que le premier et peut-être le second Mémoire de la Genèse, purement allégoriques, ont été placés en tête de la Genèse par Esdras, d'après la mithologie babilonienne sur laquelle ils paraissent calqués. Mais cette question délicate mérite un examen approfondi qui sera le sujet d'un autre Mémoire [2].

1. Conjectures sur les Mémoires originaux dont il paraît que Moïse s'est servi pour composer le livre de la Genèse. Bruxelles, 1753. La traduction adoptée par Astruc est si mal écrite, que l'ouvrage aurait besoin d'être réimprimé avec une autre meilleure.

2. Ceux qui voudront l'examiner, pourront lire l'Examen critique du judaïsme et du mahométisme, par P. Feuillade. Paris, 1821.

On observera que les auteurs du livre imprimé sous l'empereur *Kien-long*, d'après lesquels parle l'Art de vérifier les dates, et dont le témoignage paraît si décisif au père Amiot (*art.* XXII), au lieu d'augmenter les tems, les ont évidemment diminués. En effet, ils ont retranché les premiers règnes donnés par le père de Mailla, savoir : ceux des empereurs *Yeou-tsao-chi* et *Soui-gin-chi*; ils ont même omis les deux empereurs suivans, admis par le *Thoung-kien-kang-mou* et l'Art de vérifier les dates, *Fo-hi et Chin-nong*; enfin, ils ont même négligé de parler des évènemens arrivés dans le cours du premier cicle, ne commençant leur histoire qu'à la soixante et unième année du règne de *Hoang-ti*. Ils auraient dû au moins, ce semble, raconter son avènement au trône, ce qui leur aurait fourni l'occasion de faire connaître l'étendue de l'empire de la Chine à cette époque, et la nature de son gouvernement; ces sujets méritaient certainement d'être traités avec quelqu'étendue, et le *Thoung-kien-kang-mou* s'en est occupé.

On reconnaît aisément que l'histoire, ou plutôt la chronique, composée sous l'empire et sous la direction de *Kien-long* a été écrite sous un prince tartare, et que les six mandarins de cette nation qui composaient la moitié du tribunal rédacteur, n'ont passé aux Chinois que ce qu'ils ne pouvaient leur disputer; cela est d'autant plus certain, que les missionaires chrétiens, dont les doctrines étaient fort opposées à cette haute antiquité, ont dû être consultés par les Tartares dont ils parlaient la langue plus facilement que le chinois, et avec lesquels ils se liaient plus facilement qu'avec les Chinois. Ces missionaires ont dû n'admettre dans ces antiquités qui remontaient à des milliers d'années, que ce qu'ils ont regardé comme absolument incontestable. C'est ce que nous dit le père Amiot lui-même, lorsqu'il nous assure (*art.* XXII) que les Annales de la Chine sont l'OUVRAGE LE

PLUS AUTHENTIQUE QUI SOIT DANS L'UNIVERS. Après un tel aveu, quel droit avons-nous d'opposer de simples dénégations à des faits aussi constans? comment un auteur, d'ailleurs très estimable[1], peut-il nous dire que, dans l'histoire de l'empereur Yao, bien postérieur à *Hoang-ti*, donnée par Confucius lui-même[2], il ne s'agit que d'un roman moral et politique? comment peut-il ajouter que des historiens postérieurs à Confucius ont imaginé une suite d'empereurs antérieurs à *Yao*, avec une foule de circonstances fabuleuses, sans *oser* leur assigner d'époques fixes? il faut au moins avoir lu les Mémoires des missionaires avant d'attaquer leurs récits, et le Savant dont je parle ne paraît pas même les avoir vus.

Une biographie universelle, qui n'est

1. Sainte Bible, traduite par M. Eugène Genoude. Paris, 1821, t. Ier, p. 212. Dissertation sur le déluge.

2. Dans le Chou-king, chap. 1er, intitulé: *Yao-tien.*

pas celle que publie M. Michaud, mais qui cependant a eu plusieurs éditions [1], dit, à l'article du père Amiot, que ce missionaire avait un esprit juste, et que nous lui devons des documens précieux sur la Chine; mais, à l'article du père de Mailla, ce même ouvrage dit que la traduction du *Thoung-kien-kang-mou* est un amas de contes, de fables et d'anachronismes de tous les genres. La confiance APPARENTE du père de Mailla, dit cet article, dans les rodomontades chinoises, doit être considérée comme une faiblesse indispensable chez cette nation vaine et VIOLENTE. Ces ridicules phrases méritent à peine une réponse, et font voir avec quelle légèreté parlent des auteurs mal instruits d'une littérature si ancienne et si estimée par des missionaires plus en état que nous de la

1. Biographie universelle, par Feller, dition de M. Pérennès. Paris, 1833. I, 235.

2. *Idem*. Paris, 1834. VIII, 43.

bien juger. Il est véritablement inconcevable qu'on ose imprimer dans un livre principalement destiné aux colléges, que le père de Mailla n'a composé sa traduction française du *Thoung-kien-kang-mou*, imprimée, après sa mort, en treize volumes *in-quarto*, que sous l'influence de la peur, et que cette peur était causée par la violence des Chinois qui venaient de perdre leur i dépendance, et qui étaient alors soumis à la domination des Tartares. Ainsi le père de Mailla, suivant le dictionnaire de Feller, avait seulement l'APPARENCE de croire à l'authenticité de l'histoire qu'il traduisait, et c'était sans doute aussi en apparence que le père Amiot écrivait en Europe que cette histoire était incontestable. De pareilles assertions n'annoncent que l'ignorance, je ne veux pas dire la mauvaise foi, de celui qui les a faites. C'est l'année 1649 qui est regardée comme la première de la dinastie tartare des *Tsing*, qui est la vingt-deuxième [1], et qui gouverne encore aujourd'hui. Il était assurément bien indifférent aux princes de cette dinastie qu'un jésuite fît connaître en France l'histoire des Chinois, extraite principalement du *Thoung-kien-kang-mou*, ouvrage composé plus de six cens ans avant cette époque. La pénible tâche que s'était imposée le père de Mailla était vraisemblablement ignorée par les souverains tartares comme par les savans chinois; mais, s'ils en étaient instruits, ils ne prenaient certainement pas la peine de la lire. L'extrême différence des trois langues chinoise, tartare et française, suffisait pour les en empêcher. Le père de Mailla était parfaitement libre d'écrire ce qu'il voulait, et il n'a pu vouloir que faire connaître la vérité; mais le père Amiot l'a mise tout-à-fait

1. L'Art de vérifier les dates depuis la naissance de Notre Seigneur. Paris, 1818. IX, 48, édit. in-8.

à découvert en traduisant l'ouvrage historique publié par l'empereur *Kien-long*, et abrégé du *Thoung-kien-kang-mou*. Un assez grand nombre d'années se trouve retranché dans cet ouvrage qui ne commence pas à *Fo-hi* comme l'autre, mais seulement à la soixante et unième année du règne de *Hoang-ti*. En effet, l'histoire perd toujours de sa probabilité à mesure que le tems s'avance, et bien loin que l'on exagère l'antiquité, on la diminue à chaque nouvelle composition. Jacques de Guyse et tous nos historiens jusqu'à Belleforêt, ont cru que nos anciens rois, comme ceux des Romains, venaient de la ville de Troie. Belleforêt et ceux qui l'ont suivi, n'ont commencé leur histoire qu'à Pharamond. Le père Daniel, le président Hénaut et l'abbé Véli ne commencent qu'à Clovis, qui, selon le président Hénaut [1], est le vé-

1. Nouvel Abrégé chronologique de l'Histoire de France, 4e édition. Paris, 1752, p. 1.

ritable fondateur de notre monarchie. Il semble cependant que du moins celui qui a donné son nom à la première race, Mérovée, méritait quelques détails; l'inscription récemment découverte à Rome sur ce prince semble le prouver.

CHAPITRE VINGT-SEPTIÈME.

De la certitude historique.

Un géomètre écossais [1], à qui les mathématiques ont d'ailleurs quelque obligation, s'avisa, à la fin du dix-septième siècle, de

1. *Theologiæ christianæ Principia mathematica*, *aut. Johanne* Craig. *Londini*, *impensis Timothei*. Child, 1699, in-4., avec 4 figures. Cet ouvrage a été réimprimé sous le même titre, avec des additions indiquées ainsi : *Edidit*, *atque de scriptis autoris nonnulla præfatus est Joh. Daniel Titius*, à Leipzig, chez les héritiers Lanxkisch, 1755

calculer la probabilité du christianisme dans un ouvrage intitulé : « Principes mathématiques de la Théologie chrétienne. »

Il pose pour principe : 1° que la foi, suivant la parole de Jésus-Christ, doit être nulle sur la terre au jour du jugement dernier ; 2° que les témoignages sur lesquels la croyance des chrétiens est appuyée, décroissent de probabilité à mesure qu'elle s'éloigne de leur source. Il cherche donc le tems où cette probabilité sera réduite à rien ; ce tems doit être, selon lui, celui de la fin du monde, qu'il fixe par ses calculs à l'année 3150, c'est-à-dire 1292 ans après l'époque à laquelle j'écris.

On connaît plus d'un exemple de l'abus du calcul mathématique ; je doute qu'il y

in-4., 68 pages. L'auteur, Jean Craig, a dit lui-même qu'il n'était pas Anglais. Il a dédié son ouvrage aux deux premiers ecclésiastiques luthériens de Dresde. Nouvelle Bibliothèque germanique, par Formey. Amsterdam, 1757, janvier, février et mars, p. 129. D'Alembert s'est trompé en disant que Craig était Anglais.

en ait jamais eu de plus étrange que celui-ci : il l'est à tel point que quelques lecteurs ont pris pour une plaisanterie aussi mauvaise qu'indécente les raisonnemens et l'ouvrage entier de l'auteur; mais il suffit de lire cet ouvrage et de voir le ton grave qui y règne, l'air même de profondeur qu'on y affecte, pour être persuadé que l'auteur a parlé très sérieusement; d'ailleurs, une plaisanterie algébrique, surtout lorsqu'elle occupe tout un volume, serait une bien triste plaisanterie.

Sans être de l'avis de cet auteur véritablement écossais, on peut, et l'on doit même croire que la probabilité d'un fait diminue à mesure que l'on s'éloigne du tems où il s'est passé,

D'abord cet affaiblissement paraît incontestable quand la probabilité du fait est appuyée sur le simple témoignage verbal de génération en génération; par la même raison qu'un fait, même arrivé de notre tems et dans l'ordre le plus commun, est d'autant moins certain pour nous, qu'il se trouve plus de personnes entre celui qui raconte et celui qui dit avoir vu; car, pour croire ce fait, il faut supposer que chaque témoin intermédiaire l'a réellement ouï dire à celui qui le lui a transmis, puisque, s'il en est un seul qui ne l'ait pas réellement ouï dire, dès-lors la chaîne de la tradition est rompue: il est donc évident que la raison de douter se multiplie à mesure qu'il y a plus de témoins intermédiaires. Or, la même raison de douter a lieu pour les faits transmis de bouche en bouche d'une génération à l'autre; cette raison de douter est même plus forte dans le second cas, parce que les témoins intermédiaires n'existant plus, comme ils existent dans l'hipothèse d'un fait arrivé de notre tems, il est impossible de s'assurer s'ils ont dit en effet ce qu'on leur attribue.

Il n'en est pas de même quand le fait est transmis par écrit; tout se réduit à savoir si l'ouvrage qui nous le transmet n'est ni supposé ni altéré ; car alors cet ouvrage doit obtenir de nous la même croyance que si l'auteur nous racontait directement le fait dont il est ou dont il prétend avoir été le témoin. Il ne s'agira plus ensuite que d'examiner le degré de confiance que l'on devrait avoir en ce témoin s'il nous parlait lui-même; or, ce degré de confiance doit être mesuré et sur la nature du témoin, et sur celle du fait qu'il raconte. Dès que l'on ne pourra douter raisonnablement que Tite-Live, par exemple, n'ait écrit son histoire, l'existence de Scipion ne sera guère plus douteuse dans dix siècles qu'elle ne l'est aujourd'hui, ni les prodiges que cette histoire nous raconte, moins douteux aujourd'hui qu'ils ne le seront dans dix siècles [1].

L'assertion de Craig était fondée sur ce que saint Luc fait dire à Jésus-Christ lui-

1. Mélanges de littérature, d'histoire et de philosophie, par D'Alembert. Amsterdam, 1767. Tome V, p. 81-84.

même [1]: « Quand le fils de l'homme viendra, » c'est-à-dire au jour du jugement dernier, « pensez-vous qu'il trouve de la « foi sur la terre? » Cependant l'abbé Houteville a réfuté son sistème dans sa « Religion chrétienne prouvée par les faits. »

« Pourquoi, » dit un auteur moderne [2], « l'histoire de Jules César, par exemple, « serait-elle aujourd'hui moins croyable ou « moins crue que du tems de Henri IV « ou de Louis XI? Au contraire, la critique, devenue plus éclairée et plus sûre, « n'a-t-elle pas rendu cette histoire plus « incontestable? La religion chrétienne est « mieux démontrée par sa durée même, « par sa persévérance, ses triomphes étonnans et multipliés, qu'elle ne l'était dans « les premiers siècles. Si, comme nous « n'en pouvons douter, elle sort encore « glorieuse de la crise actuelle, les faits

1. Évangile selon saint Luc. XVIII, 8.

2. Cité par Feller dans sa Biographie universelle, art. *Craig*.

« qui l'ont établie recevront un nouveau « degré de certitude. »

C'est pour la mieux soutenir que j'ai cru ne pas devoir la mettre en opposition avec l'histoire de la Chine qui est si bien démontrée (*art.* XXII). L'éditeur de l'Art de vérifier les dates n'est pas excusable, lorsqu'après avoir extrait du père de Mailla ce que j'ai rapporté plus haut (*art.* XXIV et XXV), il se croit obligé de faire l'observation suivante dans une note [1].

« Voilà ce qu'on raconte du fondateur « de l'empire de la Chine, d'après les plus « fameux lettrés chinois; nous convien- « drons néanmoins que ce qui concerne « son existence et la suite chronologique « de ses successeurs jusqu'à l'an 841 avant « l'ère chrétienne, est contredit par d'ha- « biles critiques de nos jours, qui traitent « de fables tout ce qui, jusqu'à cette

1. L'Art de vérifier les dates avant l'ère chrétienne. Paris, 1819. IV, 6.

« époque, est rapporté dans les Annales « chinoises. Sans entrer dans la discussion « de cette controverse qui nous mènerait « trop loin, nous nous contenterons d'ex- « traire des monumens historiques de la « Chine, ce qui nous a paru le moins s'é- « loigner de la vérité. »

Il est clair que ce langage n'est que celui d'un sage éditeur qui, voyant les écrivains ecclésiastiques modernes refuser leur croyance aux rapports uniformes des savans jésuites, tels que le père Parrenin, le père de Mailla et le père Amiot, n'a pas osé répéter ce qu'il trouvait dans l'histoire générale de la Chine, sans y ajouter un adoucissement qui le rendît excusable aux ieux des ennemis de cette histoire. Cet acte de prudence n'est que trop naturel, mais il ne peut détruire l'évidence des faits que je crois avoir suffisamment constatés.

Ce n'est pas sans raison que les écrivains ecclésiastiques voient ici de grandes difficultés. Le commencement du règne de

Hoang-ti manque dans l'histoire composée par l'ordre de l'empereur *Kien-long* et traduite par le père Amiot. Je l'ai donc pris (*art.* xxv) dans l'Art de vérifier les dates, qui m'a paru ne mettre aucun doute à l'authenticité de l'histoire du père de Mailla son guide. Mais les Bénédictins, auteurs de cet Art de vérifier les dates, n'ont pu concilier l'histoire du père de Mailla d'une manière plausible avec leur chronologie : c'est ce que je vais prouver.

CHAPITRE VINGT-HUITIÈME.

Difficulté de concilier notre chronologie avec celle de la Chine.

Les Bénédictins supposent que *Fo-hi* vint des plaines de Sennaar après la dispersion des peuples, qu'il régna cent quinze ans, et que son successeur *Chin-nong* monta sur le trône l'an 2838 [1]. Ainsi, c'est l'an 2953 qu'il fait commencer le règne de Fo-hi après la dispersion des peuples. Cette dispersion des peuples devait donc avoir eu lieu avant 2953 avant notre ère; or, dans l'Art de vérifier les dates [2], c'est seulement sous l'an 2907, quarante-six ans après l'avènement de Fo-hi, que cet ouvrage dit:

« Tous les hommes, depuis le déluge, « vivaient rassemblés dans les plaines « de Sennaar, entre le Tigre et l'Eu- « phrate, et dans les régions voisines; « ce qui est également attesté, comme « l'observe Josèphe, par les historiens pro- « fanes et par les livres sacrés. Mais, « comme la nécessité de subsister les obli- « geait de s'écarter souvent les uns des au- « tres, la crainte de se disperser sans re- « tour dans ces courses fréquentes, leur fit

1. L'Art de vérifier les dates avant l'ère chrétienne. Paris, 1820, p. 374 de l'édition in-folio.

2. *Id.*, p. 87.

« prendre des précautions pour prévenir « ce malheur. Dans cette vue ils entreprirent de bâtir avec des briques cuites au « soleil et liées entre elles avec un bitume, « une ville, et d'y élever une tour extrêmement haute, afin qu'étant aperçue de « loin, elle leur servît de signal et de point « de réunion. Mais cette entreprise n'en« trait point dans les desseins de la Provi« dence, qui jugeait la dispersion des « hommes nécessaire pour repeupler l'uni« vers. Le genre humain ne parlait alors « qu'une langue; l'Être suprême rompit « ce lien qui unissait si étroitement les « hommes; il mit dans leur langage une « telle confusion que, ne s'entendant plus « les uns les autres, ils abandonnèrent « l'ouvrage et se répandirent par toute la « terre, chacun selon sa famille et sa lan« gue. Sem demeura en Orient, et de lui « sont sortis tous les Orientaux, depuis les « monts Amanus et Taurus, et depuis l'Eu« phrate jusqu'à la grande mer des Indes;

« de Cham sont venus les Philistins, les Égip-
« tiens et les anciens peuples d'Afrique;
« Japhet tourna vers l'Occident: ce fut le
« père de tous les peuples de l'Europe et de
« l'Asie septentrionale; tel fut le partage
« que firent entr'eux les enfans de Noé, non
« par aucune convention, mais par une se-
« crète impulsion de la Providence, qui vou-
« lait que toutes les parties de notre globe
« fussent habitées; ce ne fut qu'à pas lents,
« et comme par degrés, qu'ils s'éloignèrent
« du centre de leur dispersion. A mesure
« que la population s'accrut, les familles,
« se pressant les unes et les autres, recu-
« lèrent leurs limites pour se mettre à
« l'aise, et s'avancèrent de proche en
« proche jusque vers les extrémités de la
« terre, sans s'apercevoir de la différence
« des climats. Les guerres qui s'élevèrent
« entr'elles en obligèrent plusieurs à passer
« dans les îles, pour y chercher une re-
« traite, et enfin, après une longue suite
« de générations, toute la surface de la

« terre se trouva couverte d'habitans. »

Il est bien clair, si nous adoptons ce récit, qu'il est absolument impossible que *Fo-hi*, parti de Sennaar l'an 2907 au plus tôt, vienne régner à la Chine l'an 2953, c'est-à-dire quarante-six ans avant son départ.

La chronologie de dom Calmet, prise sur le texte hébreu et la plus généralement reçue, rend le fait encore plus incroyable, en plaçant [1] la dispersion des peuples sous l'an 2230 avant notre ère, c'est-à-dire plus de sept siècles après le commencement du règne de Fo-hi; d'autres préfèrent l'an 2234 [1], et la différence mérite à peine d'être observée.

L'Art de vérifier les dates, qui a compris la difficulté, ne l'a pas entièrement

1. Dictionnaire historique de la Bible. Genève, 1730. IV, table chronologique, à la fin du volume, p. CCXXXI.

2. Sainte Bible, traduite par Eugène Genoude. Paris, 1821, préface, p. LXIII.

écartée, comme on vient de le voir. Il place la dispersion des peuples [1] sous l'an 2907 avant notre ère, deux cent dix ans avant le règne d'Hoang-ti, et quarante-six ans après le commencement du règne de Fo-hi. On voit que sa chronologie biblique, qui n'est ni celle du texte hébreu, suivi par dom Calmet, ni celle des Septante, ni celle des Samaritains, est purement hipothétique, et ne peut obtenir aucune confiance, n'étant pas seulement d'accord ici avec elle-même; c'est ce qui explique la note de l'éditeur que j'ai combattue dans l'article précédent, et qui ne mérite aucune attention.

Il y a plus, et la difficulté se présente encore d'une manière plus embarrassante. Bien loin que le père de Mailla ait exagéré l'antiquité de la Chine, il l'a diminuée beaucoup, si nous en croyons le père Amiot, qui (*art.* XVI) date le commencement du

1. P. 87 de l'édition in-folio.

règne de Fo-hi de l'an 3461, c'est-à-dire quatre cent quarante-six ans avant la dispersion, même en admettant la date des Bénédictins, et six cent soixante-dix-sept ans en préférant celle de dom Calmet; l'hipothèse de ces deux auteurs est donc aussi évidemment fausse si l'on admet un déluge universel. En effet, l'Art de vérifier les dates, qui remonte le plus haut, place le déluge sous l'an 3307 [1], cent cinquante-quatre ans après le commencement du règne de Fo-hi, selon le père Amiot.

Il résulte de ces observations que la chronologie de la Chine n'est pas conciliable avec celle de la Genèse, si l'on veut y voir un déluge universel, et je crois qu'elle ne peut l'être. C'est une entreprise téméraire que de vouloir concilier les histoires des différens peuples, dans leur partie mithologique, où elles ont cependant quelque chose de commun et de véritable-

1. P. 87.

ment traditionel. Dans toutes, on trouve un premier homme, un déluge et une dispersion des peuples, parce que chaque nation n'à pu commencer son histoire qu'après un déluge, qu'après une catastrophe qui a coupé le fil de cette histoire dans sa partie ancienne, comme l'a très bien expliqué Platon [1]. Il a fallu alors chercher parmi les nations voisines celles qui, remontant à un déluge plus ancien, ont conservé des traditions antérieures aux nôtres. C'est ainsi que nous, après avoir eu notre histoire interrompue, soit par quelque catastrophe phisique, soit par la conquête des Romains, nous avons recouru au peuple hébreu, connu de nous avant le peuple chinois, et ayant comme nous une langue alfabétique plus à notre portée. Mais à présent que les missionaires, sans

1. *Platonis opera. Biponti*, 1787. VIII, 106. Voyez la traduction que j'ai donnée de ce passage dans les Mémoires pour servir à l'histoire ancienne du globe. IX, 135.

autre intérêt que celui de la vérité, nous ont, pour ainsi dire, familiarisé avec la Chine; c'est là que nous devons nous adresser, parce que c'est là que se trouvent les plus anciennes traditions historiques, ainsi qu'on va le voir.

CHAPITRE VINGT-NEUVIÈME.

De l'Histoire donnée par les Chinois.

Il est bon d'avertir que les auteurs du *Thoung-kien-kang-mou*, ainsi que ceux de l'histoire abrégée traduite par le père Amiot, ne nous donnent pas un récit détaillé des événemens, comme le père de Mailla s'est efforcé de le faire par de légères additions à son texte, mais qu'ils expriment seulement l'énoncé des faits principaux, dépouillés de toutes leurs circonstances. Ils parlaient à des peuples pour lesquels ces faits étaient bien connus, qui en ont conservé une infinité de monumens, et qui n'ont pas besoin d'être persuadés. Nous, au contraire, quand nous lisons de simples énoncés dépourvus de tous les détails qui les font bien comprendre, nous sommes tentés de faire des objections, et, comme nous n'avons personne en Europe qui soit en état d'y répondre, ou qui veuille en prendre la peine, nous restons dans le doute et même quelquefois dans l'incrédulité; c'est ce qui explique naturellement le peu de confiance que l'on accorde en général à cette histoire parmi nous.

Si nous voulons nous faire une idée claire de la situation où nous sommes en cette occasion, écrivons en peu de mots tous les faits de notre histoire depuis le règne de Louis XVI; ne fesons que raconter brièvement les révolutions successives dont nous avons été les témoins; fesons un détail concis des conquêtes de Napoléon et de sa chute, du rétablissement de la maison de Bourbon, du retour de Napoléon, de celui de Louis XVIII et du détrônement de Charles X. Fesons ensuite traduire en chinois, sans commentaire, ce récit qui, sans doute, fort clair et fort intéressant pour nous, le serait bien moins à une si grande distance de lieus et de mœurs : pouvons-nous sérieusement nous flatter que cette chronique sèche et décharnée serait lue et comprise? que cette suite d'événemens bizarres, de conquêtes et d'invasions soudaines, de souverains détrônés et remplacés subitement, parût vraisemblable à leurs ieux? On sait qu'un empereur de la Chine fut atteint d'une envie démesurée de rire lorsqu'on lui dit que les Hollandais n'avaient pas de roi. Nos révolutions ne lui paraîtraient peut-être pas aussi risibles; mais elles seraient, sans nul doute, aussi inconcevables pour lui.

Le père Amiot cherche à éviter cet inconvénient en rapportant tous les détails qu'il peut trouver, dans l'histoire de ces tems reculés. « A l'aide du brillant flam-« beau dont l'empereur *Kien-long* n'a pas « dédaigné d'éclairer la république litté-« raire de son vaste empire, » dit ce respectable missionaire, « je n'ai pas craint de « pénétrer dans l'obscurité de ces premiers « tems. [1] »

Quand on entend parler avec cette assurance un religieux que ses croyances intéressaient à ne pas adopter aveuglément les récits des Chinois, il est impossible de ne pas prendre confiance en lui, et de lui refuser son adhésion. Cela serait d'autant plus injuste que, s'il avait voulu dissimuler la vérité en cette occasion, il aurait pu le faire avec une extrême facilité. Il n'avait qu'à laisser parler le père de Prémare, qui l'avait combattue de bonne foi.

1. Mémoires concernant les Chinois. Paris, 1788 XIII, 259.

Il parlait à des Savans d'Europe, qui, prévenus par ce missionaire peu éclairé, mais non dépourvu de lumières, n'étaient que trop disposés à méconnaître l'antiquité de la Chine. Loin de profiter de cette disposition pour laisser à l'écart une vérité qui pouvait être regardée comme dangereuse, il y insiste avec une espèce d'obstination, et fait les plus grands efforts pour vaincre une incrédulité qu'il combat de la manière la plus forte, et par les expressions les plus tranchantes. Ce serait vouloir absolument fermer les ieux à la lumière, que de le traiter en quelque sorte d'imposteur, ou du moins de l'accuser de manquer absolument de critique. Je conviens qu'il s'est livré un peu trop facilement aux assertions du père Pezron sur la chronologie biblique. Il n'avait peut-être pas étudié cette matière comme l'histoire de la Chine. Il n'est pas donné à l'homme d'embrasser une aussi grande quantité d'objets. Si, après avoir appris la langue chinoise et la langue tartare, après avoir étudié tous les historiens chinois, il s'était encore distrait des travaux de sa mission pour s'enfoncer dans la lecture des grands ouvrages du père Pétau, jésuite comme lui, pour étudier ces trois volumes in-folio qui, sous le titre de *Doctrina temporum* [1] et d'*Uranologion* [2], renferment la conciliation de la chronologie biblique avec la chronologie grecque, il n'aurait pas admis aussi facilement les hipothèses du père Pezron (*art.* VIII), combattues à la vérité par d'habiles écrivains, mais admises par le savant Fréret, autorité bien grave à tous les ieux; il aurait été forcé de dire pour la Chine comme le père Pétau a été contraint de l'avouer pour l'Égipte [3], histoire pour

1. *Lutetiæ Parisiorum*, 1627.

2. *Ibid.*, 1630.

3. *Quod ad Ægyptios attinet, eorum origines, et quæ ex Africani chronico commemorantur ab Eusebio dynastiæ... ab vero dissident. Rationarium temporum, partis* III,

laquelle ce chronologiste est réduit à rejeter les dinasties de Manéthon, admises par Jules Africain et Eusèbe, tous deux chrétiens; il aurait été forcé de convenir que ces deux chronologies, dont l'autorité ne peut être contestée raisonnablement, ne peuvent être conciliées avec nos anciennes traditions historiques. Je crois avoir rendu service à la religion en écartant toutes ces difficultés, en observant que Moïse n'a pu ni voulu écrire une histoire universelle; il ne l'a pas pu parce qu'il ne la savait pas. Comment aurait-il acquis seulement la connaissance de notre globe, et comment aurait-il pu la faire comprendre aux Juifs? Il ne l'a pas voulu parce que ces Juifs auxquels il parlait dans les déserts de l'Arabie n'en avaient aucun besoin. Dieu ne l'avait point chargé d'en-

lib. II, *cap.* 3. Il revient cependant sur cette assertion dans sa note, et admet le sistème des dinasties collatérales donné par Marsham, chronologiste très moderne.

seigner toutes les sciences aux conquérans de la Palestine. Il a fallu que des voyageurs aient fait le tour du monde pour que la doctrine des antipodes fût généralement admise; il a fallu que Neuton ait démontré la fausseté du sistème de Descartes, et qu'il ait prouvé la vérité de celui de Copernic, en expliquant le sistème du monde, pour qu'il fût reconnu par tous les Savans que la terre tournait autour du soleil. La vérité se développe avec le tems; elle perce tous les nuages qui la dérobent à nos faibles ieux; et bien loin de la repousser, il faut s'empresser de la reconnaître. Vouloir la mettre en opposition avec la religion, c'est faire tort à la religion, s'il était possible de lui en faire.

C'est donc encore avec le père de Mailla, le père Amiot et les autres missionaires, sans cependant exclure les rapports des voyageurs, que je donnerai, à la suite de cet ouvrage, une description générale et abrégée de la Chine. Il faut bien connaître l'étendue et la forme de ce vaste empire avant d'entreprendre sa vieille histoire.

J'ai cru devoir placer ici une table générale des trois petits ouvrages qu'il faudra réunir pour former un ensemble complet.

FIN.

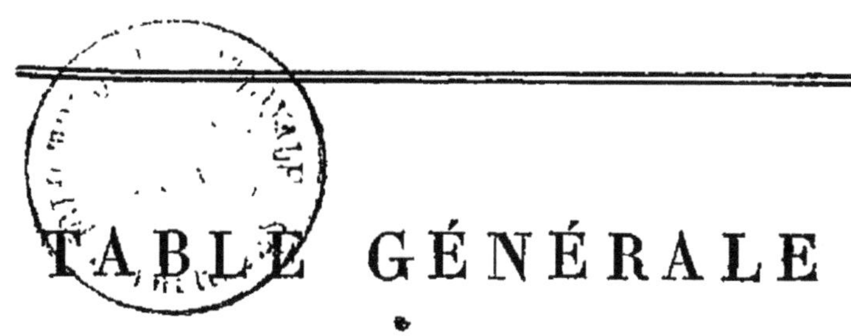

TABLE GÉNÉRALE DES MATIÈRES.

Premier ouvrage.

HISTOIRE DES TEMS ANTÉ-DILUVIENS OU ANTÉRIEURS AU DÉLUGE D'YAO, ARRIVÉ L'AN 2298 AVANT NOTRE ÈRE, PRÉFACE SUR L'ANTIQUITÉ DU MONDE.

Traité supplémentaire.

CHRONOLOGIE DE JÉSUS-CHRIST.

Second ouvrage sur l'Histoire des tems anté-diluviens.

HISTOIRE ANTÉ-DILUVIENNE DE LA CHINE, OU HISTOIRE DE LA CHINE DANS LES TEMS ANTÉRIEURS A L'AN 2298 AVANT NOTRE ÈRE.

CORRECTION IMPORTANTE.

A l'article IV, à la fin de la page 25 du premier Traité, il faut ajouter après treize ans :

avec l'astronome Eudoxe.

L'omission que je signale ici rend inintelligible, dans la phrase suivante, le pluriel : *ils étudièrent.*

Opinion du père le Comte, jésuite, sur la Chronologie chinoise.

NOUVEAUX MÉMOIRES SUR LA CHINE, quatrième édition. Paris, 1701, tome I, page 206.

« Certainement, après tous les examens qu'on a faits de « cette Chronologie, il ne nous est pas plus permis d'en « douter, que des histoires le plus communément reçues « parmi nous, d'autant plus qu'elle n'a pu être altérée « par les étrangers ; qu'elle a toujours passé, parmi les « savans du pays, pour sûre et incontestable ; qu'elle est « écrite sans affectation, et d'un stile simple et naïf, qui « porte avec soi un air de vérité qui persuade ; que « Confucius, estimé pour sa capacité, sa bonne foi, sa « droiture, n'en a jamais douté, et établissait même là-« dessus toute sa doctrine, cinq cent cinquante ans avant « la naissance de Notre Seigneur.... ; que les éclipses « observées dès ce tems-là ont dû en effet arriver, ce qu'ils « ne pouvaient savoir que par l'observation, et non par « leurs calculs, qui n'étaient pas assez exacts. Tout cela « nous persuade qu'il y a peu de sûreté dans l'histoire « profane du monde, si nous pouvons raisonnablement « douter de celle de la Chine. »

www.ingramcontent.com/pod-product-compliance
Ingram Content Group UK Ltd.
Pitfield, Milton Keynes, MK11 3LW, UK
UKHW012035240726
13965UKWH00003B/816

9 782013 284950